AF248023

DE LA

PERSONNALITÉ CIVILE DES DIOCÈSES

FABRIQUES ET CONSISTOIRES

ET DE

LEUR CAPACITÉ A RECEVOIR DES DONS ET LEGS

PAR

LÉON BÉQUET

MAÎTRE DES REQUÊTES AU CONSEIL D'ÉTAT

(EXTRAIT DE LA *Revue pratique de droit français*.)

PARIS

A. MARESCQ AINÉ, LIBRAIRE-ÉDITEUR

20, RUE SOUFFLOT, 20.

Au coin de la rue Victor Cousin

1880

DE LA

PERSONNALITÉ CIVILE DES DIOCÈSES

FABRIQUES ET CONSISTOIRES

ET

DE LEUR CAPACITÉ A RECEVOIR DES DONS ET LEGS

DE LA

PERSONNALITÉ CIVILE DES DIOCÈSES

FABRIQUES ET CONSISTOIRES

ET DE

LEUR CAPACITÉ A RECEVOIR DES DONS ET LEGS

PAR

LÉON BÉQUET

MAÎTRE DES REQUÊTES AU CONSEIL D'ÉTAT

(EXTRAIT DE LA *Revue pratique de droit français.*)

PARIS

A. MARESCQ AINÉ, LIBRAIRE-ÉDITEUR

20, RUE SOUFFLOT, 20.

Au coin de la rue Victor Cousin

1880

DE LA

PERSONNALITÉ CIVILE DES DIOCÈSES

FABRIQUES ET CONSISTOIRES

ET

DE LEUR CAPACITÉ A RECEVOIR DES DONS ET LEGS.

———————

I

Le mot *personne* vient du mot *persona* qui désignait, chez
les Latins, le masque de théâtre sous lequel l'acteur jouait son
rôle et qui portait au loin sa voix... *personare*. Du langage du
cirque, ce mot est passé dans celui du forum, et il a servi à
désigner le rôle et le personnage du citoyen dans la société (1).
La *personne*, c'est donc l'homme, l'individu lui-même, considéré, par la loi, dans ses rapports avec les autres hommes,
avec la place qu'il occupe dans la société, dans la famille, avec
ses droits et ses obligations.

Mais l'homme n'existe pas seulement à l'état individuel;
pour subsister et se défendre, il a dû s'agréger avec d'autres
hommes, envers lesquels il s'est engagé à certaines obligations nouvelles, et desquels il a reçu la promesse de droits
nouveaux.

Cette agrégation d'hommes, agissant dans un but commun,
a été, de tous temps, et chez tous les peuples, considérée
comme constituant un être particulier, ayant des droits et des
obligations spéciales, une *personne*, en un mot, qui a été et
est encore connue sous les noms de tribu ou de nation. Il y

______

(1) Demolombe, t. I, n° 132.

1

a donc toujours eu, depuis qu'un premier contrat social est intervenu entre les hommes, deux sortes de personnes juridiques, l'une réelle et effective : l'individu, l'autre, morale et imaginée : l'État.

Avec les progrès de la civilisation, la fiction juridique, qui s'est développée, a successivement, et chaque fois que des hommes formaient une association dans un but déterminé, reconnu la nécessité de lui donner une personnalité distincte de celle des individus qui la formaient. C'est ce que les juristes romains exprimaient en disant : *universitas distat a singulis.* De là sont nées les personnes civiles de la *société commerciale, de la commune, de la province,* etc.

Mais, ainsi que nous venons de le dire, s'il y a nécessité de donner aux associations formées par des individus une personnalité juridique séparée de celle de ces individus, cette personnalité n'est qu'une fiction légale : et la loi qui peut la faire reconnaître juridiquement, peut, évidemment aussi, établir les conditions essentielles de son *existence,* en édictant les formalités qui doivent présider à sa création; régler son *état* en fixant son rôle social, et l'ensemble de droits et d'obligations qui s'attachent à elle ; enfin, mesurer sa *capacité* en délimitant son habilité et son idonéité à avoir la jouissance ou l'exercice de tels ou tels droits.

De ce que la personnalité civile ou morale d'une institution est une fiction légale, il résulte également qu'il n'y a de personnes civiles que celles auxquelles la loi a formellement reconnu ce caractère. Le *personnage* peut être imaginaire, mais encore faut-il que tous les caractères d'un être vivant lui aient été nettement attribués par le législateur qui en est l'auteur (1).

C'est ainsi que la société civile ou commerciale, dont la constitution a été irrégulière, ne forme pas une personne civile distincte de celle des associés, mais une simple association de fait, qui, en engageant tous les associés, ne limite pas la portée de leurs engagements vis-à-vis des tiers.

Les personnes civiles, à la différence des personnes naturelles, n'ont donc de droits que ceux que la loi leur a expressément concédés. C'est ce que le Code civil a clairement exprimé dans l'art. 537, en disant : « *que les particuliers* ont la

____

(1) « Collegium, si nullo speciali privilegio subnixum sit, hereditatem capere non posse, dubium non est (Cod. J., L. 8, *De her. inst.*).

libre disposition des biens qui leur appartiennent, sous les modifications établies par les lois, tandis que les biens *qui n'appartiennent pas à des particuliers* sont administrés et ne peuvent être aliénés que *dans les formes et suivant les règles qui leur sont particulières.* »

Nous n'avons point à rechercher ici les causes de cette situation exceptionnelle, elles sont nombreuses. Mais il en est deux que nous devons rappeler, parce que nous pourrons avoir souvent occasion d'y trouver le motif de certaines décisions.

La première, qui résulte de la force même des choses, c'est que les personnes civiles, étant purement intellectuelles, sont incapables de se défendre elles-mêmes et d'administrer leurs biens; elles sont donc forcément représentées par des mandataires.

La seconde, c'est que ces personnes, en général, ne meurent pas; elles se perpétuent et se rajeunissent, en quelque sorte, indéfiniment par la succession toujours renouvelée des différentes personnes dont elles se constituent elles-mêmes.

La loi a donc dû prendre des précautions tout à la fois dans l'intérêt des personnes civiles contre les agissements des mandataires qui les représentent, et dans l'intérêt des personnes naturelles contre les agissements mêmes des personnes civiles.

De là, ces dispositions exceptionnelles du Code civil, art. 619, 910, 937, 940, etc. De là, la promulgation de lois spéciales.

Les principes que nous venons d'établir sont unanimement reconnus. Examinons, maintenant, quelle application en doit être faite aux établissements publics d'un caractère religieux.

En dehors des associations formées par les individus, soit pour se défendre, soit pour tirer profit des biens naturels, auxquelles la personnalité a été reconnue et dont les types principaux se résument, d'un côté, dans l'État, et de l'autre dans la société commerciale, existent les associations formées par les individus pour pratiquer, en commun, leurs croyances religieuses. Ces associations sont de deux sortes ; elles ont pour objet l'observance même d'une religion, ou bien les diverses manifestations de cette religion : la prière, la charité, la doctrine, l'enseignement.

En France, l'Etat a toujours considéré que la police de la

pratique des religions était un de ses attributs essentiels ; et alors qu'il a toujours laissé aux associations constituées dans un but de charité et de doctrine une certaine liberté relative, il a constamment revendiqué la surveillance, et, à divers temps même, la direction effective de toutes les institutions de pratique des cultes.

Depuis 1789, trois religions principales se partagent les croyances des Français. L'organisation des cultes de ces trois religions a été faite par la loi, et elle ne saurait être modifiée sans la volonté du législateur.

Dans ces conditions, et en laissant de côté toutes les institutions ayant pour objet les simples manifestations des croyances religieuses, examinons quelle est l'organisation des institutions ayant pour objet la pratique exclusive des cultes.

Le culte catholique a été réglementé par la loi du 18 germinal an X, connue sous le nom de loi du Concordat. Aux termes de l'art. 9, le culte catholique est exercé sous la direction des archevêques et évêques *dans les diocèses*, et sous celles des curés *dans les paroisses*. L'art. 11 stipule que les archevêques et évêques peuvent, sans l'autorisation du gouvernement, établir dans leurs diocèses des *chapitres cathédraux* et des *séminaires. Tous autres établissements ecclésiastiques sont supprimés.* Enfin, l'art. 76 établit, près de chaque paroisse, une *fabrique* pour veiller à l'entretien et à la conservation du temple et à l'administration des aumônes.

La loi de germinal constitue donc trois sortes d'établissements ecclésiastiques : les chapitres cathédraux, les séminaires. les fabriques. Elle abolit tous les autres. Elle crée, en même temps, deux circonscriptions territoriales : le diocèse, qui, dans l'organisation religieuse, doit correspondre au département, la paroisse, qui représente la commune.

Les chapitres cathédraux sont des collèges de chanoines, qui forment le conseil de l'évêque. Constitués individuellement par des décrets spéciaux, leur discipline, leurs règlements, leurs pouvoirs, sont déterminés par les articles des actes qui les reconnaissent. Un décret du 6 novembre 1813 a, en outre, et d'une manière générale, fixé les conditions et les modes d'administration du chapitre cathédral quant aux biens qui forment sa propriété.

Les séminaires sont les écoles où s'instruisent les jeunes gens qui se destinent au ministère ecclésiastique.

Les fabriques sont les conseils d'administration du temporel de la paroisse. Ce sont des institutions laïques, quoiqu'elles existent pour l'utilité de l'église et que des ecclésiastiques en soient les principaux membres.

Postérieurement au Concordat, divers actes et lois de l'autorité publique ont constitué et reconnu comme établissements publics certaines institutions que le Concordat avait établies, mais sans leur accorder ce caractère. C'est ainsi que le décret du 6 novembre 1813, la loi du 2 janvier 1817 et l'ordonnance du 2 avril 1817 ont successivement donné la personnalité civile aux *évêchés* ou *menses épiscopales*, aux *cures* et aux *succursales*, et déterminé leurs attributions et le mode d'administration de leurs biens.

On appelle évêché ou archevêché le titre ecclésiastique attaché à l'église épiscopale ou archiépiscopale et institué pour le gouvernement du diocèse.

Cure et succursale, les titres ecclésiastiques attachés à la paroisse.

Les lois qui ont réglementé le culte catholique ont donc reconnu comme établissements publics et comme personnes civiles : les chapitres cathédraux, les séminaires, les fabriques, les évêchés, les cures et les succursales.

L'organisation des cultes protestants a eu lieu par la loi du 18 germinal an X, complétée en certaines matières par l'ordonnance du 2 avril 1817 et le décret du 26 mars 1852. Ces actes n'ont donné la personnalité civile qu'aux consistoires.

L'organisation du culte israélite a été faite par la loi du 2 mars 1807, par le décret du 17 mars 1808 et par l'ordonnance du 25 mai 1844. Le seul établissement public israélite reconnu par la loi consiste dans les synagogues consistoriales.

Dans l'énumération que nous venons de faire des établissements publics religieux, nous avons intentionnellement omis tous ceux qui ne tirent pas leur organisation des lois organiques mêmes, mais de simples actes du pouvoir public. A ce titre, nous n'avons mentionné ni les congrégations religieuses, ni les associations diverses de charité dont l'existence a été légalement reconnue, et dont la personnalité civile a été régulièrement formée. Ces sortes d'institutions tiennent des décrets qui les ont établies leurs statuts. Ils peuvent naître et disparaître sans affecter l'exercice même des cultes, et nous n'avons pas à nous en occuper ici. Aussi bien ne constituent-ils pas des établissements publics, mais quelquefois seulement des établissements d'utilité publique.

II

A côté des établissements publics religieux auxquels les diverses lois ci-dessus énumérées ont attribué la personnalité civile, nous avons vu citer les diocèses et les paroisses. Que sont ces deux institutions? Forment-elles des êtres moraux? et, à ce titre, peuvent-elles contracter et recevoir?

Un débat très vif s'est élevé, depuis quelques années, au sujet des diocèses. En 1875, dans la discussion de la loi sur l'enseignement supérieur, il a été transporté devant le pouvoir législatif, mais celui-ci a refusé de le trancher, le laissant indécis et entier. Devant le conseil d'Etat, la solution, selon les temps, a varié. Sous le premier empire et sous le gouvernement des Bourbons, aucune difficulté ne semble s'être élevée. Le conseil, à ces époques, ainsi que nous le verrons plus loin, autorisait les donations ou les legs en faveur des établissements religieux, quels que fussent les termes des actes. Il ne commença à se préoccuper de la question que lorsque, sous le gouvernement de Juillet, les accroissements des biens de mainmorte signalèrent un danger social.

En 1840, M. Vivien, alors ministre des cultes, saisit le conseil d'Etat d'un projet de décret tendant à autoriser le don fait par l'évêque de Montauban à son diocèse, d'une somme de 5,000 fr. Le comité de législation renvoya le dossier à l'administration, à l'effet de faire modifier les termes de l'institution.

Sur les observations de M. Martin, du Nord, qui venait de succéder à M. Vivien, le conseil rejeta le projet d'ordonnance dans les termes suivants, le 20 mars 1841 :

« Considérant que les évêques ne peuvent être autorisés à faire des acquisitions au nom de leur diocèse que pour le compte des établissements diocésains légalement reconnus, que la maison de retraite dont il s'agit n'est pas au nombre de ces établissements, qu'il n'y a lieu d'autoriser l'acquisition qu'autant que la même ordonnance reconnaîtrait cet établissement et lui donnerait l'existence légale. »

M. Martin, du Nord, demanda alors un avis de principe, qui fut émis le 21 décembre 1841 :

« Considérant que, dans l'état actuel de la législation, les diocèses ne sont que des circonscriptions administratives et ne constituent pas des personnes civiles, capables de posséder, d'acquérir et de recevoir; que si l'ordonnance du 2 avril 1817 autorise les évêques à accepter les libéralités faites à leur évêché, il s'agit, dans ladite ordonnance, de la manse épiscopale et non de la circonscription diocésaine; qu'il suit de là que les libéralités faites au profit d'un diocèse ne peuvent produire leur effet qu'autant qu'elles sont destinées à des établissements diocésains légalement reconnus, auquel cas c'est au nom de ces établissements que l'autorisation d'accepter lesdites libéralités doit être accordée. »

Pendant vingt-cinq ans, cette décision de principe fit la règle de l'administration. En 1865, sur les sollicitations de quelques évêques, M. Baroche, ministre de l'instruction publique, demanda un nouvel avis de principe, qui fut refusé le 21 novembre 1867.

Mais on sait combien sont tenaces certaines revendications. En 1873, les circonstances paraissant plus favorables, M. Jules Simon adressa une lettre célèbre, dans laquelle il demandait au conseil, qui venait d'être reformé par les choix de l'Assemblée nationale, de revenir sur les termes de la jurisprudence de 1841, et de reconnaître expressément la personnalité civile des diocèses. Le conseil rendit la décision qu'on sollicitait de lui, le 13 mai 1874 (D. P. 1875, 3, 86).

Les motifs de cet avis sont que l'art. 73 de la loi du 18 germinal an X confère à l'évêque le droit d'accepter les fondations ayant pour objet l'entretien des ministres et l'exercice du culte; que ces dispositions expliquent la personnalité civile des diocèses, reconstitués en exécution du Concordat; qu'ainsi, au moment où fut votée la loi du 2 janvier 1817, les diocèses se trouvaient au nombre des établissements ecclésiastiques reconnus, qui peuvent, aux termes de cette loi, accepter des libéralités; que s'ils ne sont pas énumérés parmi ces établissements par l'ordonnance du 2 avril 1817, rendue pour l'exécution de la loi précitée, c'est qu'ils sont compris sous le nom d'évêché; que les évêques ont été souvent, en fait, soit avant 1840, soit après 1840, autorisés à accepter pour leur diocèse.

L'avis de 1874 donne-t-il le dernier mot du débat aux partisans du diocèse? Nous ne saurions le dire; mais la question vient d'être, à nouveau, soumise au conseil d'Etat, et il nous semble qu'elle doit être examinée en détail.

La France est divisée, quant à sa circonscription ecclésiastique, en métropoles, diocèses et paroisses, comme elle est divisée, quant à sa circonscription administrative, en départements, arrondissements et communes, comme elle est divisée, quant à sa circonscription judiciaire, en cours d'appel et tribunaux d'arrondissement, quant à sa circonscription militaire, en corps d'armée et territoires de commandement, etc. Ces divisions et subdivisions faites dans un intérêt de bon gouvernement n'emportent pas avec elles l'idée de la création d'autant de personnes civiles; c'est ainsi, par exemple, que les cours d'appel, les tribunaux d'arrondissement, les divisions militaires, etc., ne forment pas des personnes civiles. Il en est différemment des départements et des communes. La personnalité civile des départements n'a pas été constituée d'un seul coup; elle a été, pour ainsi dire, créée par morceaux, par une série de lois, parmi lesquelles nous citerons les lois du 28 messidor an IV, 15 frimaire an VI, 11 frimaire an VII, 2 frimaire an XIII, le décret du 16 décembre 1811, et enfin la loi du 10 mai 1838. Les communes avaient, dans l'ancien droit français, la personnalité civile; la Révolution la leur a conservée et n'a fait que la réglementer. Quant à l'arrondissement, il ne forme qu'une circonscription administrative et n'est pas un être moral.

On voit donc que l'attribution de la personnalité civile à une circonscription d'ordre administratif, bien loin d'être la règle, n'est au contraire que l'exception, et qu'il faut l'intervention expresse de la volonté du législateur.

Plus heureux que l'arrondissement, que la division militaire, que les cours d'appel, etc., la paroisse et le diocèse jouissent-ils de la personnalité civile?

La négative, pour la paroisse, n'est pas douteuse.

Pour le diocèse, la question est, sinon plus incertaine, du moins plus controversée.

Que les diocèses aient eu ou non, dans l'ancien droit, la personnalité civile, que l'ordonnance de Blois de 1579, que l'édit d'avril 1695, que l'édit d'août 1749 l'aient consacrée, ou bien que ces actes du pouvoir royal aient eu pour objet de créer des charges de procureur des membres du clergé de chaque diocèse, il n'importe guère.

La loi du 12 juillet-24 août 1790, sur la constitution civile du clergé, supprima tous les anciens diocèses; elle en établit un par département, et décida que les limites de l'un et de l'autre seraient les mêmes. Nous n'avons pas à faire la critique de la mesure prise par l'Assemblée nationale; nous n'avons pas non plus à tracer les difficultés auxquelles son exécution donna lieu. Mais il est une chose que l'on doit en retenir, c'est qu'elle abolit les anciens diocèses, et leur personnalité civile s'ils en avaient eu jadis. L'œuvre fut complétée, à cet égard, par les décrets de l'Assemblée nationale qui intervinrent en 1790 et en 1791.

Les anciens diocèses ont donc disparu en 1790 et 1791. Ont-ils été rétablis par la législation nouvelle? — A leur défaut, une personnalité civile nouvelle a-t-elle été reconstituée aux diocèses créés par le Concordat? Le débat devient, dès lors, une simple question de texte, dans laquelle les considérations historiques doivent tenir peu de place.

L'ancien établissement du clergé n'a pas été repris par le Concordat de l'an X. L'art. 2 porte, en effet, « qu'il sera fait par le Saint-Siège, de concert avec le gouvernement, une nouvelle circonscription des diocèses français. » Le Concordat du 11 juin 1817 proposa bien de réformer (art. 4) les sièges supprimés dans le royaume de France en 1801, mais on sait que, faute de l'approbation de la Chambre, il est demeuré à l'état de projet.

Les diocèses créés ont-ils reçu, du Concordat de germinal, la personnalité civile?

Lisons la loi:

Art. 9. — « Le culte catholique sera exercé sous la direction des archevêques et des évêques *dans leurs diocèses,* sous celle des cures dans leurs paroisses.

Art. 11. — « Les archevêques et évêques pourront, avec l'autorisation du gouvernement, établir, *dans leurs diocèses,* des chapitres cathédraux et des séminaires. *Tous autres établissements ecclésiastiques sont supprimés.*

Art. 14. — « Les archevêques veilleront au maintien de la foi et de la discipline *dans les diocèses* dépendant de leur métropole.

Art. 20. — « Les évêques seront tenus de résider *dans leurs diocèses ;* ils ne pourront en sortir qu'avec la permission du premier consul.

Art. 22. — « Les évêques visiteront annuellement, et en personne, une partie *de leur diocèse*, et, dans l'espace de cinq ans, leur *diocèse* entier.

Art. 33. — « Toute fonction est interdite à tout ecclésiastique, même français, qui n'appartient à aucun *diocèse*.

Art. 34. — « Un prêtre ne pourra quitter *son diocèse* pour aller desservir dans un autre.

Art. 36. — « Pendant la vacance des sièges, il sera pourvu par le métropolitain, et, à son défaut, par le plus ancien évêque suffragant, *au gouvernement des diocèses*. Les vicaires généraux de ces *diocèses* continueront leurs fonctions, après la mort de l'évêque, jusqu'à son remplacement.

Art. 37. — « Les métropolitains, les chapitres cathédraux, seront tenus, sans délai, de donner avis au gouvernement de la vacance des sièges et des mesures prises pour le *gouvernement des diocèses*.

Art. 38. — « Les vicaires généraux qui gouverneront pendant la vacance ne se permettront aucune innovation dans les usages et coutumes *des diocèses*.

Art. 39. — « La *circonscription des diocèses* sera faite conformément au tableau ci-joint. »

Nous avons tenu à reproduire toutes les dispositions de la loi de germinal, dans lesquelles est insérée une mention du diocèse, parce que, de l'ensemble de ces citations, il nous a paru que l'on pourrait plus aisément extraire la signification exacte du terme employé. Or, nous le demandons à tout homme de bonne foi, n'en ressort-il pas à l'évidence que le mot désigne la circonscription territoriale soumise au gouvernement religieux de l'évêque, et ne peut s'appliquer à une institution revêtue de la personnalité civile. Le culte catholique est exercé sous la direction de l'évêque *dans le diocèse*, comme sous celle du curé *dans la paroisse* (art. 9). Il ne doit pas être établi d'autres établissements ecclésiastiques *dans les diocèses* que des chapitres cathédraux et des séminaires (art. 11). Les évêques doivent résider *dans leurs diocèses* (art. 20). Ils doivent visiter annuellement une partie *de leur diocèse* (art. 22), etc., etc.

Mais il y a plus : si le diocèse est une personne civile capable d'acquérir et de posséder des biens, le Concordat fixera le mode d'administration de ces biens, il en parlera tout au moins. Pas un mot. Dira-t-on qu'il laisse à l'évêque le soin de cette administration? Mais quand le siège épiscopal est vacant, le Concordat avisera, au moins, à l'administration pendant la vacance du siège. Que prescrit l'art. 37? « Pendant la vacance, il sera pourvu, par le suffragant, au GOUVERNEMENT du diocèse. » Et l'art. 38 répète ce mot de *gouvernement*. De l'administration des biens, il n'est pas question.

Si le texte même du Concordat est muet, les rapports dressés à l'appui sont-ils plus explicites? Rien. Portalis n'a pas l'air de soupçonner que les diocèses puissent être autre chose que des divisions territoriales d'ordre religieux. « On trouve, dit-il, des diocèses immenses en Allemagne et en Pologne. Ils sont plus réduits en Italie. En France, on les réunissait et on les démembrait selon que des motifs d'utilité publique paraissaient l'exiger. Aujourd'hui, les changements survenus dans les circonscriptions politiques et civiles rendent indispensable une nouvelle circonscription des métropoles et des diocèses dans l'ordre ecclésiastique ; car la police extérieure de l'Etat a toujours plus ou moins de rapports avec celle de l'Eglise. »

Mais, dit-on, à défaut du Concordat qui n'a pas donné, il est vrai, au diocèse la personnalité civile, il y a la loi des 2-8 janvier 1817 et l'ordonnance des 2-14 avril 1817, qui ont reconnu expressément la personnalité civile de l'évêché. Or, évêché et diocèse sont une seule et même idée exprimée par deux mots différents. (En ce sens : de Franqueville, *De la personnalité civile du diocèse*, p. 20 ; Gaudry, *Traité de la législation des cultes*, t. II, p. 113 ; Jules Simon, *Lettre au président du conseil d'Etat*, du 29 novembre 1872.)

Nous sommes en une matière de droit spécial, où il importe de fixer, avec soin, le sens exact des termes. Or, nous ne croyons pas qu'il soit possible de soutenir que dans notre droit moderne non plus, d'ailleurs, que, dans le droit ancien, la confusion ait jamais été faite, par le législateur, entre l'évêché et le diocèse, la cure et la paroisse.

Nous avons dit plus haut ce qu'est, d'après le Concordat, le diocèse. Qu'est l'évêché d'après la même loi? L'art. 4 s'exprime ainsi : « Le premier consul nommera aux *archevêchés* et *évêchés* de la circonscription nouvelle. » Et l'art. 9 : « Les évêques feront une nouvelle circonscription des *paroisses* de leur diocèse; ils nommeront aux *cures.* » L'évêché est donc, par rapport au diocèse, ce que la cure est par rapport à la paroisse.

Le Concordat ne définit pas, il est vrai, ni l'évêché, ni la cure; mais il les distingue du diocèse et de la paroisse.

Mais le Concordat de germinal ne consiste pas seulement dans la loi du 18 germinal. C'est un acte transactionnel intervenu entre Rome et le gouvernement français, qui se compose de la loi en question et d'un certain nombre de bulles émanées du pape et déclarées exécutoires en France. Or, cette définition que la loi française ne nous donne pas, nous est fournie par les bulles apostoliques.

Voici, en effet, ce qu'on lit dans le bref du 29 novembre 1801, rendu exécutoire par l'arrêté du 29 germinal an X : « Pie VII, pape, par nos lettres apostoliques, scellées en plomb, expédiées en ce jour, nous avons érigé de nouveau et fondé *dix églises métropolitaines* et *cinquante églises épiscopales,* savoir : *l'archevêché de Paris* et ses suffragants, *les évêchés* de Versailles, etc. »

L'évêché, dans la langue religieuse, c'est donc l'église épiscopale.

Et pour qu'il n'y ait aucun doute sur ce point, dans la bulle datée de Rome du 3 des calendes de décembre 1801, rendue exécutoire par l'arrêté du 29 germinal an X, nous trouvons les dispositions suivantes :

« Nous déclarons annuler avec leurs droits, etc. : l'église archiépiscopale de Paris avec ses suffragants, les *évêchés* de Chartres, Meaux, Orléans et Blois, etc., etc. » Et plus loin : « Nous déclarons établir les dix églises métropolitaines et les cinquante *sièges épiscopaux,* savoir : l'église archiépiscopale de Paris et les nouveaux *évêchés* de Versailles, Meaux, Amiens, etc..., que nous lui assignons pour suffragants, etc., etc. Nous mandons, en conséquence, et ordonnons à notre cher fils Caprara, qu'il ait à procéder, de suite, à l'établissement des *églises archiépiscopales et épiscopales* que nous venons d'ériger, en assignant à chacune... *l'arrondissement et les limites de chacun des diocèses.* »

Or, dans l'arrêté d'organisation établi par le cardinal Caprara, en exécution de cette bulle, nous lisons encore ce qui suit : « Nous avons donc résolu de déterminer l'arrondissement et les nouvelles limites de chaque diocèse. Comme l'étendue de chaque diocèse des nouvelles circonscriptions doit comprendre un ou plusieurs départements de la France, nous emploierons la dénomination des mêmes départements *pour désigner le territoire dans lequel chaque église métropolitaine et cathédrale, ainsi que leurs évêques titulaires, devront restreindre leur juridiction. »*..... « Afin de nous exprimer en peu de mots et avec clarté, nous assignerons aux métropoles et cathédrales érigées ci-dessus une église métropolitaine. Nous y joindrons les noms des départements *que nous avons l'intention d'assigner en entier pour diocèse auxdites métropoles ou cathédrales outre la ville où l'église cathédrale ou métropolitaine sera érigée*, etc., etc. »

Et enfin : « *Après avoir ainsi érigé les églises métropolitaines et cathédrales, avoir fixé les limites des diocèses, avoir réglé ce qui concerne les érections des paroisses, nous assignons à perpétuité et soumettons auxdites nouvelles églises et à leurs futurs évêques, pour les choses spirituelles et dans l'ordre de la religion,* les CITÉS ÉRIGÉES EN MÉTROPOLES OU EN ÉVÊCHÉS, *les départements désignés* ET ATTRIBUÉS POUR DIOCÈSE *à chaque église,* les personnes de l'un et l'autre sexe, etc. »

En présence de pareils textes, de définitions aussi claires, de distinctions aussi nettement établies entre l'évêché et le diocèse, est-il possible que le législateur ait fait confusion ?

La loi de 1817 n'a donc pas créé la personnalité du diocèse en autorisant les évêques à accepter les dons et legs faits à leurs évêchés.

Est-il besoin de définir ce que l'ordonnance de 1817 a entendu par évêché ? L'art. 3 de l'ordonnance est ainsi conçu : « L'acceptation desdits dons et legs sera faite par l'évêque, lorsque les dons et legs auront pour objet leur évêché, leur cathédrale ou leur séminaire. »

Nous venons de démontrer, par la simple reproduction des textes, que le Concordat, suivant en cela les lois de l'Église, a distingué la cure de l'église et de la paroisse, l'église épiscopale ou évêché, de la cathédrale et du diocèse. Par la loi de germinal, la personnalité civile a été donnée à l'église, qu'elle fût paroissiale ou cathédrale. Le décret du 30 décembre 1809 a réglé l'administration des biens des églises, mais, comme les actes de germinal, il ne parlait ni des cures, ni des évêchés. La loi du 18 germinal stipulait, par l'art. 73, que des fondations pourraient être faites dans l'intérêt de l'entretien des ministres et de l'exercice du culte. Or, des fondations de cette nature ne pouvaient pas être faites aux églises. Le décret du 6 novembre 1813 a eu pour objet de déterminer les modes d'admniistration des donations de cette nature. De là la création de cures et de menses épiscopales.

La cure recevra les dons et legs faits dans l'intérêt des ministres du culte de l'église paroissiale, la mense épiscopale, — que l'on écrive ce mot *mense*, du latin *mensa* (table), ou *manse* de *mansio* (maison), — ceux faits dans l'intérêt des ministres du culte de l'église épiscopale.

Et maintenant, qu'on lise l'ordonnance de 1817. Les dons et legs faits à la cure seront acceptés par le curé, ceux à l'église par le trésorier du conseil de fabrique, ceux à la cathédrale ou à l'évêché, — mense épiscopale, — par l'évêque qui réunit, de par le décret de 1809 et celui de 1813, la direction de l'administration tant de la fabrique de l'église cathédrale que de la mense. Quant au diocèse, simple circonscription administrative, il n'existe pas comme établissement public, non plus que le ressort de la cour d'appel, ou l'arrondissement.

Les raisons que nous venons d'exposer ont probablement déterminé l'avis du conseil d'Etat de 1841. Comme nous venons de le faire, et se reportant aux textes originaux, il a distingué le diocèse de l'évêché ou la mense épiscopale. Et l'on ne peut évidemment qu'approuver sa décision.

Doit-on s'arrêter, dans l'examen de la question juridique, à ces considérations de fait tirées de ce que, soit avant 1840, soit depuis 1840, le conseil d'Etat aurait approuvé un certain nombre de décrets et d'ordonnances autorisant des diocèses à accepter des dons ou legs qui leur auraient été faits? L'argument, fût-il fondé, ne prouverait d'abord rien. Le conseil d'Etat émet des avis et des décisions d'espèce. Ses avis engagent la doctrine et l'on doit reconnaître qu'ils condamnent tous les prétentions des partisans de l'individualité des diocèses; ses décisions d'espèces, inspirées par des faits particuliers, reçoivent, de ces faits mêmes, leur explication. Nous ne les connaissons plus, et ne pouvons guère, dès lors, décider s'ils ont constitué une dérogation à la jurisprudence établie par les avis. Mais les décisions, fussent-elles ce que l'on nous dit, il en résulterait seulement que le conseil aurait eu le tort de se laisser entraîner, par des motifs occasionnels et particuliers, à violer des règles établies par lui dans un intérêt public et constant.

Il importe de réagir aujourd'hui énergiquement contre ces tendances. Depuis 1852, les économistes voient avec inquiétude se reconstituer, de toutes parts, les biens de mainmorte et de communauté. Depuis 1873, on peut dire qu'il y a péril. Que l'on en revienne donc à la loi et aux règles précises du droit.

III

Nous avons dit, plus haut, que les personnes civiles, étant de création légale, ne sont êtres juridiques que lorsqu'elles se meuvent dans le cercle de leurs attributions, et n'ont de droits qu'à la condition de s'y renfermer.

Or, depuis quelques années, les attributions de certaines personnes civiles religieuses ont été l'objet de discussions passionnées. Les corps moraux ont, de tous temps, été très absorbants. Les ordonnances de nos anciens rois sont remplies de dispositions édictées pour combattre leur tendance perpétuelle. Et les établissements religieux, par la nature même des éléments qui les composent, se laissent, plus que d'autres, entraîner à des tentatives d'envahissement.

C'est ainsi, par exemple, que les fabriques prétendent aujourd'hui n'avoir pas été établies pour entretenir les églises, mais encore pour secourir les pauvres et instruire les enfants de la paroisse ; que les consistoires, protestants et israélites, revendiquent les mêmes droits.

Examinons successivement, au point de vue juridique, le bien fondé de ces réclamations.

Les fabriques ont-elles qualité pour recevoir une donation ou un legs qui serait fait aux indigents de la commune ?

La question est délicate et très controversée, et elle paraît l'avoir été sous tous les régimes qui se sont succédé en France depuis 1789.

Avant la Révolution, les lois civiles, comme celles de l'Église,

imposaient aux bénéficiers l'obligation de faire l'aumône et de secourir les pauvres (V. les ordonnances de 1356, 1546, 1578, 1580, 1586 et 1664). C'était *une dette* pour eux et non un *acte de bienfaisance*, car un édit d'avril 1695 chargeait les juges royaux de poursuivre, contre les ecclésiastiques négligents, l'acquit de cette obligation qui, en général, était du quart, et, dans quelques endroits, du tiers des revenus. Mais le clergé n'avait pas alors la libre disposition des biens des pauvres, non plus que des aumônes qui leur étaient destinées. Un arrêt du parlement de Paris, du 4 février 1780, fixe le mode de distribution des secours qu devaient être remis aux vieillards, infirmes, veuves, orphelins et autres pauvres. Par cet arrêt, il était « ordonné que les dis-
« tributions se feraient à ceux qui auraient été employés dans
« le rôle, sur des mandements signés *du curé et des notables*
« *habitants, choisis à cet effet*, et lesdits mandements alloués
« dans le *compte* à celui des habitants qui aura été chargé de
« faire la distribution ; et que ledit *compte serait rendu tous les*
« *ans* dans une assemblée composée du curé, du haut justicier,
« des officiers de justice, des marguilliers en charge et des
« notables habitants. »

Si le clergé avait alors la fonction de secourir les pauvres, on voit que c'était parce qu'il possédait les biens de ceux-ci et parce qu'il était comptable des deniers donnés à cet effet.

La Révolution réunit au domaine de l'Etat les biens des hospices et des pauvres. Elle supprima aussi les fabriques, les anciens trésors, les différents bureaux de charité qui existaient. Le clergé, sans ressources spéciales, n'eut plus d'obligations. Des mesures générales furent prises. La loi du 24 vendémiaire an II organisa des secours, ordonna des travaux, prescrivit des moyens de répression contre la mendicité et chargea les *municipalités* de leur exécution.

La loi du 7 frimaire an V fonda les bureaux de bienfaisance, avec mission de diriger les travaux de charité, de faire la répartition des secours et de recevoir *les dons qui seraient offerts*.

La loi du 7 frimaire an V, qui est fondamentale en cette matière, transportait, en fait, du clergé aux bureaux de bienfaisance la fonction que le premier avait eue, jusqu'en 1789, de représenter les pauvres et de subvenir à leurs besoins. Depuis, un très grand nombre de dispositions legislatives ont accentué le caractère des bureaux de bienfaisance et réglementé ses droits et ses obligations.

C'est ainsi que les lois des 10 vendémiaire, 10 ventôse an V, 4 ventôse an IX, vinrent faire partager aux bureaux de bienfaisance les avantages accordés aux établissements hospitaliers auxquels ces lois affectaient les propriétés et rentes des anciennes institutions de bienfaisance supprimées depuis la Révolution. L'arrêté du 5 prairial an VI les investit du droit de faire quêter dans tous les temples consacrés et d'y placer des troncs, ainsi que dans les autres lieux publics où l'on peut être excité à faire la charité; le décret du 12 juillet 1807 mit à leur disposition les biens et revenus ayant appartenu aux établissements connus sous le nom de caisses de secours, de charité et d'épargnes, etc., etc. (1).

Mais, de ce que les bureaux de bienfaisance sont aujourd'hui et incontestablement les représentants légaux des pauvres, s'ensuit-il qu'ils sont seuls aptes à recevoir les dons et legs divers qui peuvent être faits aux indigents? Si l'on s'en référait au principe général que la personnalité civile est attribuée aux établissements publics, pour leur permettre de satisfaire aux obligations qui leur incombent, on ne saurait sérieusement contester leur droit exclusif. Malheureusement la question ne saurait être tranchée uniquement, en cette matière, par l'application simple des règles juridiques.

En effet, aux termes de la loi organique du Concordat du 18 germinal an X, art. 76, les fabriques sont établies pour veiller à l'entretien et à la conservation des temples et à *l'administration des aumônes.* Or, dit-on, l'aumône *est ce qu'on donne aux pauvres par charité.* Donc, les fabriques sont habiles à recevoir des donations et legs faits aux indigents.

Mais si l'aumône est *ce qu'on donne aux pauvres par charité,* elle est aussi *ce qu'on donne aux églises pour l'entretien et les frais du culte.*

Et la controverse s'est élevée, aussitôt après la publication du Concordat, sur la question de savoir quel était, dans l'art. 76, le sens exact et précis du mot employé. Le débat a pris immédiatement une grande vivacité entre l'administration des

____

(1) Voy. en outre l'arrêté du 10 vendémiaire an XII, le décret du 7 germinal an XIII, l'ordonnance du 29 avril 1831, l'ordonnance du 31 mai 1838, le décret du 27 mars 1852.

cultes, représentée par Portalis et ses successeurs, revendiquant les droits des fabriques, et l'administration de l'intérieur, sous la direction de Chaptal et des ministres qui l'ont remplacé, réclamant en faveur du privilège exclusif des bureaux de bienfaisance (1).

Dès le 16 germinal an X, Portalis adressait au ministre de l'intérieur une lettre, conservée aux archives de l'administration des cultes, dans laquelle il cherchait à établir que les membres du clergé devaient être considérés comme les dispensateurs naturels des aumônes.

En même temps, consulté par quelques prélats sur la question de savoir si les fabriques pouvaient recueillir des sommes d'argent destinées à être distribuées aux pauvres, il n'hésitait pas à se prononcer pour l'affirmative.

Le 22 frimaire an XII, c'est-à-dire le 14 novembre 1803, il écrivait à l'archevêque évêque d'Autun la lettre suivante, que nous reproduisons entièrement, parce qu'encore inédite, elle contient une discussion complète de la question :

« Monsieur l'archevêque, je réponds aux diverses questions proposées dans la lettre que vous m'avez fait l'honneur de m'écrire relativement à un don de 3,000 livres pour les pauvres.

« Vous me demandez : 1° Si l'on est obligé de réduire ce don en rentes constituées sur l'Etat; 2° par qui la libéralité doit être acceptée.

« La nécessité de réduire les fondations en rentes consti-

(1) Le 5 prairial an XI, le ministre de l'intérieur prenait un arrêté pour autoriser les bureaux de bienfaisance à quêter dans les temples, il adressait en même temps à tous les préfets la circulaire suivante :

« Paris, 12 prairial an XI.

« Diverses lois et règlements constitutifs de l'administration des établissements d'humanité leur accordaient, citoyen préfet, le droit de faire quêter dans les églises et d'y placer des troncs destinés à recevoir les dons et les aumônes.

« Le gouvernement, à qui j'en ai rendu compte, et sous les yeux duquel j'ai remis les dispositions de la loi du 7 frimaire an V, qui attribue aux *bureaux de bienfaisance*, dont elle a donné la citation par canton, *le droit de recueillir les dons offerts, pour le soulagement de l'indigent*, a pensé qu'il convenait de faire revivre tout ce qui pouvait exciter la bienfaisance des citoyens et consolider l'existence de ces institutions en leur ménageant tous les moyens de créer de nouvelles sources de revenus pour les pauvres ; il a donc autorisé les établissements à user du droit dont je viens de vous entretenir et c'est en conséquenc de son assentiment que j'ai pris la décision que vous trouverez ci-jointe.

« *Signé :* CHAPTAL. »

tuées sur l'Etat ne porte que sur les fondations ecclésiastiques.
Or, un don fait pour les pauvres n'est pas fait à l'église, un tel
don intéresse l'humanité. L'Etat encourage tous les actes de
bienfaisance publique, et il n'a mis aucune limite à la manière
dont ces actes peuvent être faits.

« Je vois, par votre lettre, que le donateur n'aurait pas une
grande confiance dans la commune, et vous me demandez,
en conséquence, par qui ce don pourrait être accepté, vous
indiquez la fabrique.

« Je n'hésite point à croire que la fabrique a, pour accepter
la libéralité dont il s'agit, toute la capacité que pourrait avoir
la commune.

« D'abord, les fabriques sont des établissements avoués par
la loi, puisqu'elles sont expressément autorisées par les articles
organiques du Concordat.

« En deuxième lieu, les fabriques, dans tous les temps, ont
été réputées des établissements laïques, quoiqu'elles existent
pour l'utilité de l'église et que des ecclésiastiques en soient les
principaux membres. Ce que je dis ici est enseigné par tous
les ecclésiastiques français, et fut particulièrement attesté dans
une cause rapportée par le journal de l'ancien parlement de
Bretagne et dans laquelle M. de La Chalotais, avocat général,
portait la parole.

« En troisième lieu, par les articles organiques du Concordat, les fabriques sont spécialement désignées pour recevoir et administrer les aumônes. L'objet de leur établissement
se rapporte donc autant au bien des pauvres qu'à l'utilité des
églises. Ici, le mot aumône n'est pas une expression limitée à
une distribution manuelle de deniers, il comprend tous les
legs pieux que la charité destine ou peut destiner au soulagement du malheur ou de la misère.

« Je crois donc être en droit de conclure que la personne
qui se propose de donner les mille écus peut les donner à la
fabrique du lieu, et que cette fabrique est capable d'accepter
un pareil don.

« L'acte de donation doit être public. Quand il aura été fait
et accepté, vous voudrez bien me l'adresser et je le ferai autoriser par le gouvernement. »

Dans ses correspondances avec les fonctionnaires civils,

Portalis exprimait les mêmes vues et donnait les mêmes instructions. C'est ainsi que le 24 juillet 1806 il adressait au préfet
du Nord une admonestation sévère sur la façon dont ce fonctionnaire avait entendu l'art. 76 de la loi du 18 germinal. C'est
ainsi également que le 8 juin 1807, et le 3 août 1807, il formulait son opinion dans deux dépêches qu'il envoyait au maire
d'Arras et à un sieur Pompon, avocat de la paroisse Saint-
Paul, à Orléans (1).

Mais si Portalis donnait, à l'art. 76 de la loi de germinal,
l'interprétation que nous venons de dire, Chaptal, qui, comme
Portalis, avait été un des rédacteurs du Concordat, et Champagny, qui avait succédé à Chaptal au ministère de l'intérieur,
la contestaient énergiquement. Selon eux, la loi en chargeant
les fabriques de l'administration des aumônes, n'avait entendu
leur laisser que la disposition des dons offerts pour les frais du
culte, l'entretien et la conservation des temples. C'était le sens
juridique que l'éminent procureur général à la Cour de cassation, Merlin, donnait à ce mot (Merlin, *Rép. de Jurisp.*, v° *Aumônes*, § 3), et il leur semblait que rien, dans les travaux préparatoires du Concordat, ne permettait de lui en attribuer un
plus général. Ils soutenaient que les bureaux de bienfaisance
seuls avaient le droit de représenter les pauvres et de recevoir
les dons qui leur étaient destinés.

On a vu que Portalis avait adressé des observations, à cet
égard, au préfet du Nord. Tous les fonctionnaires dépendant
du ministère de l'intérieur partageaient les sentiments de cet
administrateur. Et des conflits assez fréquents s'élevaient entre
eux et les évêques. Ils soutenaient, en effet, que, non seulement seuls les bureaux de bienfaisance avaient qualité pour
représenter les pauvres, mais encore que l'arrêté du 5 prairial
an VI leur ouvrait les temples afin d'y faire des quêtes, sans
que les curés et les évêques pussent jamais les fermer sous
prétexte des nécessités de l'exercice du culte (2).

(1) Toutes ces dépêches existent en minutes aux archives de l'adminisration des cultes.

(2) Il existe aux archives nationales une correspondance échangée entre
Chaptal et Portalis à ce sujet. Un grand nombre de préfets, et notamment
le préfet du Loir-et-Cher, protestaient contre l'interprétation que les membres du clergé faisaient des termes de l'art. 76, et le ministre de l'intérieur
s'associait à leurs observations.

Le ministre de l'intérieur, pour trancher toutes ces difficultés, saisit le conseil d'Etat d'un projet de décret ayant pour
objet d'attribuer aux bureaux de bienfaisance le droit exclusif
de placer des troncs dans les églises et d'y faire procéder à la
collecte des aumônes. Portalis s'émut des dispositions que
contenait le projet, et pour arrêter son collègue, il adressa à
l'empereur un rapport dont les termes ont été souvent repro-
duits depuis (1). On y lisait, notamment, ce qui suit :

« Les commissions charitables n'ont été établies que par des
lois dont la date est certainement bien antérieure au rétablis-
sement du culte. On ne peut donc argumenter de ces lois pour
enlever aux fabriques des églises des droits qui sont inhérents
à leur existence.

« L'administration des aumônes n'est et ne peut être le privilège exclusif d'aucun établissement quelconque ; les aumônes
sont des dons volontaires et libres ; celui qui fait l'aumône
pourrait ne pas la faire ; il est le maître de choisir le ministre
de sa propre libéralité. La confiance ne se commande pas, on
peut la donner ou la refuser à qui l'on veut.....

« Comment serait-il possible de penser que les fabriques
sont exclues du droit d'administrer les aumônes qu'elles reçoivent ? Dans ce système, il faudrait aller jusqu'à dire qu'il leur
est interdit d'en recevoir, c'est-à-dire, il faudrait détruire la
iberté naturelle qu'ont les hommes qui consacrent une partie
de leur fortune à des aumônes, de choisir les agents de leur
bienfaisance et de leur libéralité.

« La loi a prévu elle-même que les fabriques auraient des
aumônes à administrer, puisque, par l'art. 76 de la loi du
18 germinal, elles sont expressément chargées de cette administration.

« On voudrait donner à entendre que, dans cet article, le
mot aumône ne s'applique qu'à ce qui est donné pour les frais
du culte. Mais : 1° jamais le mot *aumône* n'a été appliqué à de
pareils dons. Il faudrait renoncer à toutes les notions du droit
canonique pour confondre des objets qui ne se ressemblent
pas, et qui ont toujours été exprimés par des mots différents.

« 2° On lit, dans l'art. 76, qu'il sera établi *des fabriques pour
veiller à l'entretien et à la conservation des temples, à l'administration des aumônes.*

(1) Ce rapport est à la date du 16 avril 1806.

« Il est évident que le législateur a très bien distingué le soin de l'entretien et de la conservation des temples d'avec l'administration des aumônes. Ce sont là deux choses que l'on ne peut identifier quand la loi les sépare.

« 3° J'en atteste l'histoire de tous les temps : les fabriques ont toujours été en possession de recevoir des aumônes et de les administrer; la religion a été la première amie des pauvres et il est impossible de méconnaître tout ce que l'humanité lui doit.

« Sans doute, les commissions charitables sont des institutions utiles, mais ce serait dénaturer leur caractère et peut-être même détruire leur utilité, que de les transformer en institutions exclusives. La bienfaisance souffle comme elle veut et si elle veut; et si vous ne la laissez pas respirer librement, elle s'éteindra ou elle s'affaiblira dans la plupart de ceux qui sont disposés à l'exercer. J'ajoute que ce serait mal connaître l'intérêt des pauvres que de les isoler, en quelque sorte, de toutes les âmes religieuses qui peuvent les protéger et les secourir; tel confie ses aumônes à une fabrique, qui ne les confierait pas à un autre établissement. Loin de prescrire des limites et des conditions imprudentes à la bienfaisance, il faut lui ouvrir toutes les voies qu'il lui plaira de choisir pour s'étendre. »

Qu'advint-il du projet d'avis soumis par Champagny au conseil d'Etat? Fut-il approuvé ou bien rejeté? L'empereur le fit-il retirer? On n'en sait rien. Et la destruction des archives du conseil d'Etat ne permet pas aujourd'hui de rien présumer de précis à cet égard (1). Mais, quel qu'ait été le résultat de cet

---

(1) Le décret du 12 septembre 1806, que l'on a souvent présenté comme ayant terminé le conflit dont nous parlons, n'a point eu cet effet. Ce décret ne fut pas délibéré au conseil d'Etat, il fut présenté à la signature de l'empereur par Portalis directement, qui n'avait pas consulté ses collègues, ainsi qu'en témoigne la lettre suivante que nous avons retrouvée aux archives :

« Paris, 27 octobre 1806.

« Monsieur,

« J'avais depuis longtemps soumis au gouvernement un rapport où je proposais les mesures qui m'avaient paru convenables pour prévenir toute discussion à cet égard ; mais ce rapport avait été envoyé au conseil d'Etat, et il n'avait encore été pris aucune décision sur les dispositions qu'il contenait. Les choses étaient en cet état lorsque S. M. a rendu, le 12 septembre et d'après votre rapport, un décret sur le même objet dont je viens de recevoir ampliation. (Le ministre accuse réception de ce décret.)

« CHAMPAGNY. »

épisode administratif, l'attention du conseil avait été appelée sur les prétentions contraires des deux administrations des cultes et de l'intérieur ; l'importance du litige lui avait été signalée. Et désormais il se considérait comme appelé à donner son avis sur le sens légal des expressions de l'art. 76 de la loi de germinal, et à fixer la limite des attributions respectives des fabriques et des bureaux de bienfaisance.

Son avis ne fut pas douteux. Il se prononça en faveur des bureaux de bienfaisance, mais il faut bien reconnaître que cet avis théorique eut peu de résultats pratiques. Le conseil d'Etat, alors trop préoccupé de ses travaux législatifs (1), laissait-il à des mains secondaires le soin d'expédier les affaires courantes, se réservant seulement la connaissance des avis de principe et des dossiers importants? L'administration des cultes passait-elle outre à ses observations? L'empereur, selon les temps et les nécessités de la politique, changeait-il ses décisions? Nous l'ignorons et ne pouvons plus aujourd'hui pénétrer ce mystère. Mais les recherches que nous avons dû faire dans les archives du ministère de l'intérieur et dans celles de l'administration des cultes, nous ont démontré que, quels qu'aient été les sentiments du conseil d'Etat sur le débat qui nous occupe, la pratique administrative fut profondément différente.

Tantôt, en effet, l'administration faisait accepter les dons et legs faits à une fabrique pour les pauvres par le maire, tantôt par le bureau de bienfaisance, tantôt par le conseil de fabrique, tantôt même par l'évêque du diocèse; tantôt l'acceptation a lieu par la fabrique et le maire, tantôt par la fabrique et le bureau de bienfaisance conjointement, tantôt, enfin, par les deux, mais chacun *pour ce qui le concerne*. Il n'y avait ni règles précises, ni jurisprudence suivie. Les deux administrations, de l'intérieur et des cultes, selon qu'elles étaient saisies de la connaissance d'une affaire de cette nature par un préfet ou un évêque, présentaient un projet de décret différent, mais il ne paraît y avoir eu, dans ce conflit continuel, ni vainqueurs, n vaincus.

(1) Il importe de remarquer que, sous le premier Empire, comme sous la Restauration et le gouvernement de Juillet, presque tous les conseillers d'Etat et les maîtres des requêtes, étaient placés à la tête de différentes administrations qu'ils dirigeaient en même temps qu'ils participaient aux travaux du conseil.

Un exemple suffira : Une demoiselle Roussel, demeurant à Nomeny, Meurthe, avait fait à la fabrique de cette commune, pour les pauvres, un legs d'une somme de 3,950 fr. Le préfet de la Meurthe fit proposer un projet de décret par le ministre de l'intérieur, autorisant le bureau de bienfaisance de Nomeny à accepter la libéralité. En même temps, le ministre des cultes adressa au conseil d'Etat un projet de décret, préparé par l'évêque de Nancy, aux termes duquel l'acceptation devait avoir lieu par les soins de la fabrique. Le conseil d'Etat, saisi de ce double projet, crut, sans doute, trouver une occasion favorable de trancher le conflit par une décision de principe et il formula l'avis suivant :

Avis du 6 juillet 1813.

« Le Conseil, qui a entendu la section de l'intérieur sur le renvoi qui lui a été fait, par ordre de S. M., de deux rapports dont l'un du ministre des cultes et l'autre du ministre de l'intérieur, tendant à faire accepter le legs de 3,950 fr. 61 cent., fait par la demoiselle Marie-Victorine Roussel, majeure, demeurant à Nomeny, Meurthe, pour le produit être, par le curé de cette ville, distribué aux pauvres;

« Considérant que l'art. 1, § 5, du décret du 21 septembre 1812, range dans les attributions du ministre de l'intérieur la comptabilité des établissements de charité, et qu'en conséquence l'acceptation de tout *legs ayant pour objet le secours des pauvres* doit être proposée sur le rapport de ce ministre, *quand même le testament ou autre disposition confie la distribution des secours à un curé ou autre ecclésiastique ;*

« Est d'avis que le ministre de l'intérieur est seul compétent à proposer à S. M. l'acceptation de tout legs ayant pour objet le secours des pauvres, quelle que soit la personne ou l'établissement chargé de l'emploi des legs ou de la distribution des secours. »

L'empereur était alors en Allemagne et avait laissé ses pouvoirs à l'impératrice Marie-Louise et à l'archichancelier Cambacérès. Le conseil, pour donner plus d'autorité à son avis, le soumit à l'acceptation de l'empereur, qui le signa à Dresde, le 5 août. Mais le ministre des cultes, battu au conseil d'Etat, avait pris les devants, et pendant que l'empereur vidait le diffé- rend en théorie, il avait fait présenter et approuver par l'impé- ratrice régente le projet de décret préparé par lui, qui autorisait l'acceptation du legs par la *fabrique* de Nomeny (1) (décret du 10 juillet 1813).

Si l'empire eût duré, le désordre dont nous venons de citer un exemple se fût-il maintenu ? Il est permis d'en douter. Mais la chute de Napoléon et l'avènement de Louis XVIII ne furent pas de nature à amener la cessation de l'état de choses. Aussi ne peut-on être surpris de voir, pendant la Restauration, le même défaut de principes certains et la même absence de règles déterminées. Cependant le conseil d'Etat entreprit plu- sieurs fois d'établir une jurisprudence. Ses efforts furent vains, sans doute, mais il importe de faire connaître dans quelles cir- constances ses décisions intervinrent et dans quel sens il pro- nonça.

Le 8 janvier 1819, le ministre des cultes et de l'intérieur adressa au roi le rapport suivant :

« Sire, par testament olographe du 16 juillet 1818, le sieur Quenesson a légué à la paroisse de l'église de Serin :

« 1° 500 francs pour l'acquit de 500 messes;

« 2° 300 francs pour les pauvres;

« 3° 1,000 francs pour la fondation d'un obit.

« M. l'évêque de Cambrai, considérant que cette fondation de services religieux est avantageuse à la fabrique et aux pau- vres, a fait sa déclaration en faveur de l'acceptation. Les héri- tiers du testateur ont réclamé...

« Je pense, avec M. le préfet du Nord, qu'il n'y a pas lieu d'accueillir leur demande et j'ai, en conséquence, l'honneur de proposer à V. M. d'autoriser le trésorier de la fabrique de Serin à accepter la libéralité dont il s'agit. Tel est l'objet du projet d'ordonnance ci-joint.

« Je suis, etc... »

Le conseil d'Etat répondit par l'avis suivant :

____

(1) Les deux décisions contradictoires existent aux archives de l'admi- nistration des cultes. Elles sont inédites.

Avis du 15 janvier 1819.

« Les membres du conseil du roi, composant le comité de
l'intérieur, qui, d'après le renvoi ordonné par S. E. le ministre
de l'intérieur, ont pris connaissance d'un rapport et d'un projet
d'ordonnance tendant à autoriser l'acceptation par le trésorier
de la fabriqué de l'église de Serin,. Nord, d'un legs de 300 fr.
fait aux pauvres de ladite commune et de celle d'Aniche, par le
sieur Quenesson, suivant son testament du 16 juillet 1818,
   « Sont d'avis
   « Que le *bureau de bienfaisance* de la commune de Serin, et
non pas la fabrique de l'église de cette commune, doit être autorisé à accepter le legs fait aux pauvres de Serin et d'Aniche
et que, ce legs n'excédant pas 300 fr., le préfet du Nord, conformément à l'art. 6 de l'ordonnance de 1817, est compétent
pour donner ladite autorisation. »

Cet avis parut émouvoir l'administration des cultes, car elle
adressa au conseil d'Etat une demande d'avis de principe. Elle
espérait, sans doute, obtenir une décision conforme à ses réclamations. Mais le conseil d'Etat ne répondit pas à cette at-
tente. Il condamna énergiquement ses prétentions dans les
termes suivants :

Avis du 20 décembre 1820 (1).

« Les membres du conseil d'Etat du roi,
   « Qui, d'après le renvoi ordonné par S. E. le ministre de l'intérieur, ont pris connaissance d'un projet d'ordonnance portant que les legs et donations faits aux pauvres seront acceptés
par les *fabriques* ou les fonctionnaires ecclésiastiques, lorsque
les *fabriques* ou les fonctionnaires ecclésiastiques sont seuls
nommés pour les RECEVOIR et *distribuer lesdits legs et donations ;*
   « Vu l'art. 937 C. civ. et l'ordonnance du 20 avril 1817,
   « Considérant que *nos lois* ont attribué aux bureaux de bienfaisance la *tutelle des pauvres et l'administration de leurs biens ;*
   « Que *rien de semblable ne se trouve dans les attributions des*

____

(1) Avis inédit.

fabriques, qui ne sont instituées que pour l'administration des frais du culte ;

« Que sans doute l'intervention des ministres de la religion dans les actes de bienfaisance doit être favorisée, puisqu'elle ajoute aux effets salutaires de ces actes ;

« Mais que l'*acceptation d'un legs ne peut être faite que par l'individu ou* L'INSTITUTION A QUI LA LOI A DONNÉ QUALITÉ POUR REMPLIR CETTE FONCTION ;

« Que, s'agissant d'un legs *fait aux pauvres, les bureaux de charité sont seuls investis de cette qualité ;*

« Que cette *acceptation qu'on ne pourrait déplacer sans inconvénient et sans irrégularité,* n'empêche pas qu'on introduise dans l'ordonnance qui l'autorise toutes les dispositions pour faire respecter la volonté du testateur ;

« Que toutes les fois, par exemple, que, dans un legs fait aux pauvres, le curé est chargé par le testament de faire la distribution des choses léguées, on a toujours soin, dans l'ordonnance d'autorisation, de dire que le bureau de charité acceptera, mais que la distribution sera faite par le curé, ainsi que l'a voulu le testateur ;

« Que cette réserve concilie tous les motifs et toutes les considérations qu'on peut avoir en vue ; qu'elle est d'une exécution d'autant plus facile que presque partout les curés ou les desservants sont membres des bureaux de bienfaisance ;

« Sont d'avis

« *Qu'il n'y a lieu de rien changer à la législation en vigueur* en ce qui concerne l'acceptation des legs faits aux pauvres, sauf à prendre, dans les ordonnances d'acceptation, toutes les précautions nécessaires à l'accomplissement de la volonté du testateur. »

Nous ne saurions trop appeler l'attention de nos lecteurs sur les termes et la portée de cet avis du conseil d'Etat. Que l'on veuille bien se reporter au temps où il a été émis, aux circonstances politiques au milieu desquelles il a été rendu, aux hommes qui l'ont provoqué et délibéré, et l'on reconnaîtra qu'il est de nature à créer le précédent de jurisprudence le plus puissant et le plus autorisé.

Toutes les tendances des pouvoirs publics, à cette époque, étaient de nature à favoriser une interprétation de l'art. 76 de la loi de germinal conforme aux réclamations des conseils de fabrique ; de tous côtés, le clergé revendiquait ce qu'il appelait ses droits, droits d'éducation de la jeunesse, droits de protection des indigents, droits de direction des consciences ; on autorisait par centaines les établissements religieux ; on organisait les missions ; mais on sortait pour ainsi dire des délibérations du Concordat, et l'esprit qui l'avait dicté était encore vivant, et, malgré l'influence des faits extérieurs, malgré les demandes d'un ministre de l'intérieur sympathique, malgré les sentiments naturellement pieux des membres du conseil, on repoussait les réclamations des fabriques ; on déclarait qu'il n'y avait rien à changer à la législation en vigueur sous l'empire de laquelle avait été rendu l'année précédente l'avis de Serin ; on proclamait que, quand bien même une fabrique était seule nommée dans une institution testamentaire en faveur des pauvres, pour RECEVOIR un legs, elle était inapte à accepter, parce qu'elle n'était établie que pour *l'administration des frais du culte*, parce que la tutelle des pauvres et *l'administration de leurs biens* n'appartenaient qu'aux bureaux de bienfaisance.

Mais l'avis du conseil d'Etat était adressé à des fonctionnaires dont le parti était pris. L'administration des cultes espérait sans doute que la consultation qu'elle sollicitait serait favorable à ses prétentions. Déçue dans ses espérances, elle prit facilement parti de son échec ; et il ne semble pas qu'elle ait modifié ses pratiques.

La chute du gouvernement de la Restauration devait amener bientôt un changement dans cet état de choses qui n'était autre que l'organisation du désordre.

La lutte entre les deux administrations des cultes et de l'intérieur commença sous le gouvernement de Juillet par un conflit d'un intérêt secondaire. Argumentant des termes de l'art. 76 du Concordat, certains curés avaient fait procéder à des quêtes pour les pauvres dans l'intérieur de leurs églises. Le montant des sommes recueillies fut réclamé par les bureaux de bienfaisance. Le gouvernement saisit le conseil d'Etat d'une demande d'avis. M. Durieu (*Mémorial des percepteurs*, t. IX, p. 232) nous a conservé le texte des observations que le ministre présenta à l'appui de son projet d'arrêté. C'était une revendication énergi-

que des droits des bureaux de bienfaisance de représenter seuls
les intérêts des pauvres et d'administrer leurs biens.

Le conseil d'Etat, dans un avis du 6 juillet 1831, adopta
l'opinion du ministre.

Avis du conseil d'Etat du 6 juillet 1831.

« Les membres du conseil d'Etat composant le comité de
l'intérieur,

Consultés par M. le ministre de l'instruction publique et des
cultes sur les questions suivantes :

1° Les évêques et les fabriques peuvent-ils faire dans une
église des quêtes pour une destination autre que les besoins du
culte et ceux des pauvres ?

2° Les évêques ont-ils le droit de faire des quêtes de cette
espèce, sans le consentement, et même malgré le refus des
fabriques ?

3° Le produit de toute quête faite pour les pauvres dans les
églises n'appartient-il pas exclusivement aux bureaux de bienfaisance, sans que les curés puissent y faire appel à la charité,
afin d'en distribuer eux-mêmes le produit à des pauvres
honteux ?

Vu les pièces du dossier,

Vu la loi du 7 frimaire an V,

L'arrêté du ministre de l'intérieur du 5 prairial an XI,

L'ordonnance royale du 31 octobre 1821,

La loi du 18 germinal an X,

Le décret du 30 décembre 1809 et l'art. 910 C. civ. et 917,

Sur la première question...

Sur la deuxième question...

Sur la troisième question,

Considérant que la loi du 7 frimaire an V ayant institué les
bureaux de bienfaisance pour administrer les biens des pauvres,
recevoir les dons qui leur sont offerts et distribuer les produits
de ces biens et des aumônes, d'après les dispositions du Code
civil, art. 910 et 937, *c'est aux bureaux de bienfaisance seuls
qu'il appartient de recevoir les aumônes faites aux pauvres;* que
le droit d'établir des troncs dans les églises et d'y faire des
quêtes pour les pauvres, tel que ce droit a été établi par arrêté
du ministre de l'intérieur du 5 prairial an XI, a été confirmé

par l'art. 75 du décret du 30 décembre 1809, qui statue que les bureaux de bienfaisance peuvent faire des quêtes toutes les fois qu'ils le jugent convenable, sans avoir besoin de l'autorisation de l'évêque,

Sont d'avis que les trois questions envoyées à l'examen du comité doivent être résolues affirmativement. »

Cet avis du 6 juillet 1831, si nous comptons bien, était au moins le quatrième qu'émettait le conseil sur la question. Les fabriques tentèrent de résister à la jurisprudence qu'il consacrait ; mais les temps n'étaient plus où leur toute-puissance pouvait triompher des décrets de la haute juridiction administrative. La pratique des bureaux dut plier devant la volonté du conseil ; et le 15 février 1837, sur un avis émis dans une affaire de donation faite par une demoiselle Janet à la fabrique de l'église de Courtezon, Vaucluse, une modification complète de jurisprudence se produisit.

Cet avis était ainsi conçu :

Avis du 15 *janvier* 1837.

« Toute libéralité faite en faveur des pauvres d'une commune doit, aux termes de l'ordonnance du 2 avril 1817, être acceptée par le bureau de bienfaisance, ou, à défaut, par le maire qui sont leurs représentants légaux. Il ne peut appartenir aux donateurs de modifier à leur gré cette règle administrative et de conférer, soit aux consistoires, soit aux curés, soit aux fabriques, dont les attributions se bornent à ce qui intéresse le service du culte, le droit de représenter les pauvres et d'exercer les actions qui leur appartiennent.

« Ainsi les bureaux de bienfaisance ou le maire peuvent seuls être envoyés en possession des objets donnés aux pauvres, à quelque classe ou religion qu'ils appartiennent, et quels que soient d'ailleurs les termes de l'acte constitutif de la libéralité. Cette mise en possession n'empêche pas, du reste, de faire intervenir dans la distribution des secours le consistoire, le curé ou la fabrique, si telle est l'intention du donateur.

« Lorsque le donateur a voulu que le profit de la donation soit appliqué aux pauvres d'une circonscription ecclésiastique, qui embrasse plusieurs communes et où, par conséquent, plu-

sieurs bureaux de bienfaisance sont intéressés, l'acceptation
doit être faite par le préfet, qui représente tous les établissements publics du département. »

Mais, au moment même où, dans notre droit administratif, semblait définitivement établi ce principe que la personnalité civile
d'un établissement public est bornée à l'objet à raison duquel il
a été institué, une modification grave se produisit dans la jurisprudence du conseil d'Etat. On a vu, par l'ordonnance du
15 janvier 1819 et par l'avis du 20 décembre 1820, que, quel
que fût l'établissement chargé de recevoir un don ou legs fait
aux pauvres, le conseil d'Etat estimait que le don ou legs devait
être accepté par l'établissement spécialement chargé par la loi
de cette fonction. Cette doctrine était exactement celle de l'avis
de 1837 que nous venons de reproduire. Or, en 1841, un avis
du 4 mars, brusquement et sans qu'on puisse aujourd'hui se
rendre bien exactement compte des sentiments divers qui l'ont
inspiré, vint modifier l'état de choses qui paraissait devoir devenir définitif.

Le conseil d'Etat fut consulté à cette époque par le mi-
.nistre de l'intérieur sur la question de savoir comment il
devait être procédé, en matière d'autorisation d'accepter les
legs, lorsque le testateur avait nominativement délégué un
établissement public pour légataire, en lui imposant des conditions qui profitent exclusivement à un autre établissement. Le
conseil soutint que dans ce cas l'établissement dans lequel rentrait le service ou la fondation imposée ne pouvait être exclusivement autorisé à accepter, puisqu'il n'était pas institué par le
donateur ou testateur ; que, d'un autre côté, l'établissement
institué ne pouvait être exclusivement autorisé à accepter,
puisque l'accomplissement de la condition était hors des
limites des services qui lui étaient confiés par la loi. Dans
cette situation, il y avait lieu d'autoriser simultanément à accepter l'établissement institué [et celui dans les attributions
duquel rentrait le service qui devait profiter de cette libéralité.

Le conseil d'Etat abandonnait la rigueur du principe qu'il
avait posé en 1837 pour créer ce qu'on a appelé le système de
l'acceptation conjointe, système, à notre sentiment, dangereux

et plein de difficultés. Quelles étaient, en effet, les conséquences de cette acceptation conjointe ? Sous quel nom devait être immatriculé le titre de rente acheté avec le produit de la libéralité? Qui devait administrer le bien légué ? Un avis du conseil d'Etat du 30 décembre 1846, statuant sur la question de savoir au nom de qui devait être inscrite une rente achetée avec le produit d'un legs fait à un établissement religieux, dans l'intérêt des pauvres, décida que la rente serait inscrite au nom de l'établissement public, avec la mention sur l'inscription de l'origine et de la destination du capital. Le bureau de bienfaisance devait seulement être appelé à fournir ses observations et à exprimer son avis.

L'avis du 4 mars 1841, interprété par celui du 30 décembre 1846, servit de règle jusqu'en 1863. Mais à cette époque, et sur les réclamations de l'administration de l'assistance publique, fut délibéré un nouvel avis qui modifia à nouveau la jurisprudence. Reprenant en partie les considérations qui avaient guidé ses décisions jusqu'en 1840, et qui, ainsi qu'on le verra plus loin, ont toujours inspiré celles de la justice civile, le conseil déclara que, lorsqu'une libéralité était faite à un établissement religieux pour les pauvres, l'établissement institué n'était que l'intermédiaire appelé par la confiance du disposant à exécuter sa volonté ; et que les pauvres, représentés par leurs représentants légaux, étaient les vrais bénéficiaires de la libéralité. Si l'institution par le disposant donnait à l'établissement institué un droit de propriété, les représentants légaux des pauvres avaient, du chef de ceux-ci, un droit semblable. Ce principe de propriété cumulée admis, à l'acceptation conjointe devait se joindre l'immatriculation conjointe, c'est-à-dire l'immatriculation au double nom de l'établissement institué et de celui représentant légalement les pauvres.

La jurisprudence nouvelle du conseil, avec quelques fluctuations révélées par des avis du 10 juin 1863, du 24 juin 1864, du 22 novembre 1866, du 18 décembre 1867, devait durer dix années.

Mais le conseil n'avait plus de doctrine juridique ; se laissant guider par des considérations de faits et d'espèce plutôt que par les règles du droit, il déviait pour ainsi dire à chaque affaire qui lui était soumise de la règle qu'il s'était tracée dans l'affaire précédente. Le moment était venu où il allait renier définitivement tout souvenir des théories qu'il avait professées dans ses délibérations de 1813, de 1820 et de 1837.

Sur la demande de M. Jules Simon, alors ministre des cultes, le conseil d'Etat fut saisi en 1871 d'une demande d'avis de principe. La question fut soumise deux fois aux délibérations de l'assemblée; la première fois, elle fut présentée à la section de l'intérieur de la commission provisioire remplissant les fonctions de conseil d'Etat, sur le rapport de M. Levavasseur de Précourt, alors auditeur au conseil. La section, se ralliant à la jurisprudence adoptée en 1863, proposa d'adopter le système de l'acceptation et de l'immatriculation conjointe. L'affaire allait être portée à l'assemblée générale, lorsque intervint la loi sur la réorganisation du conseil; elle fut alors reprise à nouveau. Mais les conclusions antérieures de la section de l'intérieur de la commission provisoire furent répudiées, et le conseil, par un avis du 8 mars 1873, rendu sur le rapport de M. Marbeau, conseiller d'Etat, inaugura une doctrine entièrement nouvelle.

« La jurisprudence du conseil, dit cet avis, a été fondée jusqu'à ce jour dans cette pensée, d'une part, que les libéralités destinées à secourir les pauvres ne peuvent être acceptées ni exécutées sans l'intervention du bureau de bienfaisance ou du maire de la commune; d'autre part, que le soin de recueillir de telles libéralités n'entre pas dans les attributions légales des fabriques; or ces principes ne sont écrits dans aucune disposition de loi ou de règlement. La loi du 7 frimaire an V a seulement chargé les bureaux de bienfaisance de recouvrer le droit des pauvres et de recevoir les dons qui leur seraient offerts. L'art. 937 C. civ. et l'ordonannce de 1817 n'appellent les bureaux qu'à accepter les legs qui leur sont faits. A la vérité, la loi du 20 ventôse an V, l'arrêté du 27 prairial an IX et les décrets des 12 juillet 1807 et 14 juillet 1812 ont réparti entre eux et les hospices les biens non aliénés des anciens établissements de bienfaisance, mais aucune de ces dispositions n'a prescrit qu'à l'avenir les bureaux de bienfaisance pourraient seuls recueillir des libéralités destinées aux pauvres. Si l'art. 937 et l'ordonnance de 1817 attribuent aux maires la mission légale d'accepter les dons faits aux pauvres d'une commune, ces dispositions ont pour objet de donner aux pauvres un représentant légal pouvant accepter et administrer les libéralités qui leur sont

adressées sans autre détermination; mais elles ne s'opposent
nullement à ce qu'un autre établissement légalement reconnu
puisse être autorisé à recueillir, si elles lui sont adressées directement, et à employer seul des libéralités ayant une destination charitable.

« Sous l'ancien régime, les fabriques avaient les aumônes
dans leurs attributions. Depuis l'an X, l'usage s'est maintenu
dans les églises de quêter pour les pauvres de la paroisse, et
un grand nombre de libéralités sont journellement adressées
aux fabriques avec une destination charitable. Il faudrait donc
un texte pour interdire aux fabriques de recueillir des offrandes
pour les pauvres. Ce texte n'existe pas, et l'art. 76 de la loi de
germinal an X et l'art. 75 du décret du 30 décembre 1809
attribuent aux fabriques l'administration des aumônes; or ce
mot doit s'entendre avec son sens traditionnel, ainsi que l'a
établi Portalis. Aucune loi ne s'oppose donc à ce *que les fabriques
puissent recueillir* seules les libéralités ayant une destination
charitable. Il y a lieu seulement de rechercher dans chaque
affaire l'intention das donateurs. La fabrique peut être *autorisée
à accepter seule et sans l'intervention ni du maire ni du bureau
de bienfaisance*, des sommes destinées à être distribuées aux
pauvres par les soins des membres de la fabrique ou du curé.
S'il s'agit d'une fondation destinée à demeurer perpétuelle, il
convient, en autorisant la fabrique à accepter le legs qui s'a-
dresse à elle, à faire immatriculer le titre en son nom, à en
conserver la garde, d'autoriser le maire *à accepter le legs en faveur des pauvres* et d'ordonner qu'un duplicata du titre lui sera
délivré. Cette mesure, *sans lui donner un moyen de contrôle* sur
l'emploi que la fabrique et le curé feront des revenus mis à
leur disposition, lui permettra de s'assurer si le *capital de la fondation est conservé*.

« Ces solutions doivent s'appliquer également aux consistoires. »

Cet avis depuis qu'il a été rendu a formé la jurisprudence du
conseil d'Etat.

Il renversait, en cette matière, toutes les doctrines admises
depuis soixante-dix ans. Il admettait une innovation grave dans
notre droit public, la double fonction d'un établissement public.
Il admettait une innovation plus grave encore dans notre droit

financier, l'emploi de fonds ayant une destination déterminée sans contrôle d'aucune sorte. Enfin il réveillait un danger redoutable, la reconstitution en faveur des établissements religieux des biens de mainmorte. Acclamé par les uns, vivement critiqué par les autres, il ne semble avoir été accepté comme définitif par personne. Les évêques, les fabriques, les établissements religieux n'acceptent qu'avec peine la remise du duplicata du titre que l'on doit délivrer aux maires des communes où se trouvent les pauvres institués. Et d'un autre côté, les maires ne semblent regarder que comme une concession dérisoire le droit que leur a donné l'avis de s'assurer si le capital est conservé. Le débat n'a donc pas été éteint. Et M. le ministre de l'intérieur, par une nouvelle demande d'avis, qui est, si nous comptons bien, au moins la huitième formulée par l'administration sur cet objet, vient de le réveiller à nouveau plus ardent et plus passionné que jamais.

—

La question qui a donné lieu à tant de discussions et de luttes violentes est-elle donc vraiment aussi douteuse qu'elle a été controversée? Arrière de la passion, ne peut-on la résoudre à l'aide des principes généraux de nos Codes et des textes des lois spéciales? Sans se jeter à la tête les gros mots de dépouillement et de vol, ne peut-on froidement et juridiquement la déterminer et la résoudre? La tâche ne nous semble point si difficile.

Il est un principe sur lequel tous les jurisconsultes sont d'accord, que nous avons exposé plus haut: c'est que les personnes civiles n'ont d'existence que dans la limite de leurs fonctions légales. Au delà, elles ne peuvent rien. C'était un principe admis incontestablement dans l'ancien droit (V. Pothier, *Traité des personnes*, tit. 7, nos 219 et suiv., et *Des donations*, sect. 1), et qui de nos jours est tout aussi invariablement reconnu.

Toute la question, en droit, se borne donc à savoir si les bureaux de bienfaisance et les fabriques ont l'un ou l'autre ou tous deux été créés pour secourir les pauvres et les représenter.

Pour les bureaux de bienfaisance, il n'y a pas de doute.

En est-il de même pour les fabriques?

Qu'est-ce qu'une fabrique? Le mot fabrique vient du mot latin *fabrica*, construction. Et la fabrique, en droit, désigne le corps des administrateurs chargés de régir les biens et les revenus d'une église (Dalloz, *Rép.*, v° *Culte*, n° 510 ; Affre, *Administration des fabriques*, p. 28).

D'essence, la fabrique n'a donc pas été créée pour représenter les pauvres, mais pour représenter et entretenir l'église. Mais si par sa nature, par l'objet qu'elle a en vue, la fabrique n'est pas destinée au soulagement des indigents, si elle n'a pas pour devoir de les secourir, n'en a-t-elle pas tout au moins le droit?

Cela revient à se demander si, à défaut de la loi générale de son institution, des lois particulières ne lui ont pas attribué cette faculté déterminée? Elle l'aurait d'après Portalis et le conseil d'Etat de 1873, en vertu du Concordat de germinal, aurait eu cet effet spécial.

En donnant aux fabriques le droit d'administrer les aumônes, on leur a donné celui de secourir les indigents; et pour secourir les indigents, de recevoir pour eux les dons qui leur sont offerts.

La déduction n'est pas logique. En admettant même, ainsi que le voulait Portalis, que le mot aumône ne s'appliquât pas seulement aux dons offerts pour les besoins du culte, et qu'il eût le sens général sous lequel on l'entend d'ordinaire, il ne saurait cependant avoir une signification plus étendue. Or, l'aumône ne se comprend jamais que des menus secours que l'on donne aux pauvres par charité. L'aumône, c'est ce qui se donne de la main à la main, c'est ce que l'on recueille dans des quêtes, c'est ce que l'on trouve dans les troncs placés pour les pauvres. Mais on n'a jamais compris sous le nom d'aumônes les donations régulières et qui peuvent être considérables, motivées par la charité. La loi de germinal a donc pu accorder aux fabriques l'administration des aumônes, c'est-à-dire des menus dons faits à l'église dans l'intérêt des pauvres, sans leur concéder cependant ni le droit de les représenter, ni celui d'administrer les biens qui leur sont donnés pour leur soulagement. S'il eût été dans les intentions du législateur de l'an X de leur reconnaître un semblable pouvoir, il est manifeste qu'il eût formellement exprimé sa volonté dans la loi même et par une disposition précise, et non en glissant un mot à signification douteuse. Tout au moins eût-on, trouvé traces de ses préoccupations à cet égard dans les documents qui ont accompagné la publication de la loi, dans le rapport ou dans les circulaires officielles qui l'ont précédée et suivie. Or ces documents sont absolument muets.

Les deux seuls textes des lois organiques dans lesquels il soit fait mention du droit de faire des donations pieuses sont les art. 15 de la convention du 23 fructidor an X et 73 de la loi du 18 germinal. Or le premier ne parle que des fondations *en faveur des églises*, et le second des fondations ayant pour objet *l'entretien des ministres* et *l'exercice du culte*. La prévision des dons et legs destinés aux indigents ne devait pas être cependant absente de l'esprit du législateur, car au moment même où les lois de germinal étaient délibérées, des dispositions de cette nature étaient faites en très grand nombre, comme en témoigne le *Bulletin des lois*.

Mais l'art. 76 du Concordat n'est pas le seul que l'on doive consulter. L'ensemble même de la législation sur la matière doit être examiné ; or elle est manifestement contraire à l'opinion soutenue.

Et tout d'abord n'oublions pas que l'art. 5 de la loi du 7 frimaire an V avait chargé les bureaux de bienfaisance de *recevoir les dons offerts* aux indigents.

Maintenant examinons les lois postérieures.

Le 4 pluviôse an XII, intervient un arrêté *concernant les acceptations de legs faits aux hospices et aux pauvres* (1). Cet arrêté ne semble pas supposer qu'il puisse y avoir d'autres représentants des pauvres que les bureaux de bienfaisance. Il autorise les administrateurs de ces bureaux à employer à leurs besoins les dons et legs en nature ou argent inférieurs à 300 francs. Il semble que les dons au-dessous de 300 francs peuvent être considérés comme des aumônes. Dans l'intérêt des indigents, si les fabriques ont qualité pour administrer ces sortes d'aumônes, on ne comprend pas que le décret n'en fasse pas également mention.

Peu après, le 12 juillet 1807, sur une demande formée par l'administration des domaines, revendiquant des biens légués à de pauvres garçons cordonniers avant la Révolution, est rendu un décret qui déclare que ces biens font partie du domaine des

(1) Tel est le titre de l'arrêté.

pauvres et qu'il *doivent y être réunis, de même que les biens et revenus provenant d'autres établissements qui, sous différents noms, ont un but quelconque de bienfaisance.* Et le décret met à la disposition des bureaux de bienfaisance tous les biens et revenus qui ont appartenu à des *établissements de bienfaisance.* Des fabriques, pas un mot. Cependant, si le législateur estimait, conformément à l'opinion de Portalis, que les fabriques, comme les bureaux de charité, avaient charge de pauvres, pourquoi ne rendait-il pas aux fabriques la plupart de ces biens qui, avant la Révolution, leur appartenaient? Pourquoi les attribuait-il aux bureaux de charité, comme faisant partie du domaine des pauvres?

Enfin, le 30 décembre 1809, le gouvernement règle par un décret, qui fait la loi de la matière, l'organisation et les attributions des conseils de fabrique. Ce décret contient quatre dispositions sur lesquelles on doit appeler l'attention.

L'art. 1er est ainsi conçu : « Les fabriques, dont l'art. **76** de la loi du 18 germinal an X a ordonné l'établissement, sont chargées... d'administrer les aumônes et les biens, rentes, perceptions autorisées par les lois et règlements, les sommes supplémentaires fournies par les communes, et généralement tous les fonds qui sont affectés à l'exercice du culte; enfin, d'assurer cet exercice et le maintien de sa dignité, dans les églises auxquelles elles sont attachées, soit en réglant les dépenses qui y sont nécessaires, soit en assurant les moyens d'y pourvoir. »

Si on lit avec soin cet article, il est manifeste, par la formule générale employée, que les *aumônes,* qui sont confondues avec les biens, rentes et perceptions, font partie des fonds *affectés à l'exercice du culte ;* dès lors, le mot n'a que la signification restreinte que lui attribuaient, en 1806, Merlin et l'administration de l'intérieur. Il n'exprime pas les sommes offertes pour le soulagement des pauvres.

Cette interprétation devient plus claire encore si l'on passe à l'examen des prescriptions des articles suivants. Les art. 36 et 37, en effet, ont pour objet de faire connaître et de régler les revenus et les charges des fabriques. Si les fabriques ont mission de répartir des aumônes aux pauvres, l'art. 36 devra dire qu'elles peuvent recueillir des dons ou faire des collectes en leur faveur ; l'art. 37 les chargera de distribuer ces aumônes entre les indigents. Il n'en est rien. L'art. 36 compte au nombre des revenus des fabriques : § 7, *les quêtes pour les frais du culte ;* § 8, *le produit des troncs placés pour le même objet.* L'art. 37 charge les fabriques : § 1er, de fournir aux frais du culte ; § 2, de subvenir aux honoraires des prédicateurs ; § 3, de pourvoir à la décoration de l'église ; § 4, de veiller à l'entretien de l'église. Des malheureux, pas un mot.

Le décret ne parle des pauvres que dans un seul article, l'art. 75. Que dit-il ? « Tout ce qui concerne les quêtes dans les églises sera réglé par l'évêque, sur le rapport des marguilliers, sans préjudice des *quêtes pour les pauvres*, lesquelles devront toujours avoir lieu dans les églises, *toutes les fois que* LES BUREAUX DE BIENFAISANCE *le jugeront convenable.* » Si le silence des art. 1, 36 et 37 avait sa signification, ne trouve-t-on pas que le langage de l'art. 75 est plus explicite encore ? Il abandonne l'initiative de toutes les quêtes à la fabrique, sous la direction de l'évêque à l'exception des quêtes pour les pauvres, qu'il réserve aux bureaux de bienfaisance. Pourquoi donc cette exception, si les aumônes font partie des attributs de l'Église ? Pourquoi ouvrir les temples, dans l'intérêt des misérables, à une institution d'ordre purement laïque, si l'institution religieuse de la fabrique a le même objet et répond au même besoin ? Pourquoi cette confusion de pouvoirs et de droits ? Pourquoi cette *concurrence ?*

Comme on s'en peut convaincre, aucune des dispositions du décret de 1809 n'étend le sens du mot *aumône* au delà de l'explication que donnaient, de l'art. 76 du Concordat, Chaptal et Champagny ; aucune n'autorise à penser qu'on ait entendu changer la législation générale qu'avait établie la Révolution. Toutes, au contraire, maintiennent l'état de choses nouveau qui résultait de la loi du 7 frimaire an V.

L'ordonnance des 2-14 avril 1817 confirme encore l'interprétation que nous venons de donner. Cette ordonnance, on le sait, a eu pour objet de déterminer les règles à suivre pour l'acceptation et l'emploi des legs et dons faits aux établissements d'utilité publique. L'art. 3 décide que l'acceptation sera faite par les trésoriers des fabriques, lorsque les donateurs auront disposé en faveur des fabriques ou pour l'entretien des églises et le service divin (§ 4), et par les maires des communes lorsqu'ils auront *disposé en faveur des pauvres* (§ 9). L'hypothèse que les fabriques pourraient être chargées de l'administration du bien des pauvres n'a donc pas été l'objet des préoccupations du législateur, puisqu'il n'a chargé de ce soin que les représentants de l'administration civile.

On ne comprendrait pas, d'ailleurs, que les conseils de fabrique fussent constitués administrateurs des biens des pauvres en même temps que les bureaux de bienfaisance. Dans notre droit administratif, chaque institution a ses fonctions déterminées, sa compétence et ses attributions propres. Aucune ne doit empiéter sur celles d'une autre. Ce serait, en effet, consacrer l'anarchie et organiser le désordre. Pourquoi les fabriques feraient-elles exception à la règle absolue? Formées pour entretenir l'église des objets nécessaires au culte, pourquoi s'insinueraient-elles dans le gouvernement du bien des pauvres, qui, d'après la loi du 28 juin 1793 et celle du 22 floréal an II, a été transporté du clergé à l'administration civile? C'est, dit-on, parce que l'aumône est, en quelque sorte, de droit religieux. « Le premier ami du malheureux, disait Portalis, est le prêtre. » Cette proposition contient une erreur. La Révolution française a modifié, en bien des points, l'ancien état de choses. La charité a cessé, depuis lors, d'être œuvre de religion, pour devenir obligation sociale. Cela ne veut pas dire, sans doute, que l'aumône est interdite aux prêtres pas plus qu'à tout autre citoyen. Mais elle n'est plus un devoir du prêtre, pas plus que l'exiger de lui n'est un droit de l'indigent. Sans doute, le prêtre puisera, dans ses sentiments religieux, une plus grande propension au soulagement de ceux qui souffrent, mais c'est affaire entre son cœur et sa conscience et celui qui implore son secours.

Cela veut-il dire que le prêtre, dans son église, ne peut pas être l'intermédiaire des charités des fidèles qui auraient foi dans son discernement et dans sa bonté? Non. Le prêtre peut recevoir, de la main à la main, les dons que veulent bien lui remettre ceux qui le choisissent comme le ministre de leurs aumônes. Mais il n'est, en ce cas, qu'un mandataire individuel, qu'un dépositaire particulier. Il peut encore, personnellement, recevoir les dons et les legs dont on veut bien le gratifier; ces dons et ces legs peuvent être chargés de conditions charitables. Mais ce n'est pas, en ce cas, la fabrique, l'église qui est donataire, c'est l'homme en qui le donateur ou le testateur a placé sa confiance. Si ce n'est pas l'homme prêtre, si c'est le fonctionnaire, si c'est l'administration de l'église, la fabrique, qui sont institués pour transmettre la donation ou le legs aux pauvres, ces derniers, étant les donataires ou légataires, doivent être représentés par l'administration qui a charge et pouvoir, de par la loi, d'agir et de recevoir pour eux.

Mais, dit-on, une telle solution a pour résultat de priver les pauvres des biens qui leur sont destinés. En effet, lorsqu'un legs est fait à une fabrique pour le montant en être distribué par ses soins aux pauvres de la paroisse, la fabrique est le légataire institué. Si on substitue à la fabrique, soit le bureau de bienfaisance, soit la commune, on substitue un légataire à un autre légataire, on change la personne instituée; or, cette mutation n'est pas possible, et ne peut avoir pour effet que de rendre le legs caduc, et, par suite, de dépouiller les pauvres d'un bien qui leur serait parvenu (V., en ce sens, Grenoble, 5 juillet 1869; Angers, 23 mars 1871, D. P. 73, 2, 227).

Cette proposition, fût-elle exacte, ne saurait être de nature à modifier notre avis. De ce que le conseil d'Etat aurait autorisé une fabrique à accepter un legs fait à des pauvres, il ne s'ensuivrait pas que le legs ne fût pas caduc. L'autorisation du conseil d'Etat ne peut habiliter une personne incapable. Si la fabrique n'a pas qualité pour représenter les pauvres, l'autorisation qu'elle a obtenue ne modifie pas son incapacité. Au delà des limites que la loi a fixées comme étant celles de ses attributions, la fabrique, qui est une personne fictive, cesse d'être : elle est morte. L'autorisation donnée par le conseil d'Etat est une autorisation donnée à une personne qui n'a pas de vie. Le legs devient caduc, et, sur la demande des héritiers naturels, les tribunaux civils en pourront prononcer la nullité. Sans doute, ils ne le feront pas sous le motif qu'il y a eu substitution de personne, mais ils le feront sous le motif qu'il y a eu institution d'un incapable de recevoir. Or, qu'importe le motif, si la conséquence est la même?

Mais l'autorisation du conseil d'Etat peut-elle produire l'habilitation de la fabrique? Si cette habilitation est contraire à la loi, elle est une chose mauvaise. L'administration a pour premier devoir d'observer et de faire observer la loi, et rien ne serait plus détestable que l'exemple qu'elle donnerait en la violant ou en la tournant. Sans doute, les pauvres seront privés d'un bien, et les héritiers naturels hériteront. Mais est-ce donc chose à redouter qu'une succession, au lieu de s'en aller aux mains auxquelles le testateur la destinait, s'en revienne à celles à qui le sang la réservait? N'est-ce pas, au contraire, chose désirable et bonne?

Cependant, qu'on se rassure. La solution que nous préconisons ne dépouillerait pas les malheureux des dons de la charité. Pendant un grand nombre d'années, la jurisprudence du conseil d'Etat a décidé, avec uniformité, que les bureaux de bienfaisance avaient seuls droit de recueillir les libéralités faites aux pauvres, nous ne sachions pas que la doctrine qu'il avait adoptée leur ait été préjudiciable.

Il a été de tout temps reconnu qu'une disposition testamentaire faite en faveur des pauvres n'était pas faite en faveur de personnes incertaines, que l'indication portât sur les pauvres d'une ville, d'une paroisse, d'une commune ou même qu'il n'y eût pas d'indication du tout. Une clause de cette nature est donc valable en principe. Et pour donner légalement à des indigents un testateur n'a pas besoin de choisir de légataire, ni de distributeur de ses dons.

Le testateur, au lieu de léguer directement aux pauvres, peut indiquer une tierce personne qu'il charge de leur remettre le don à eux réservé. Un legs de cette nature peut être fait de deux manières, ou bien le tiers est un simple distributeur chargé de la surveillance de l'exécution du legs, ou bien il est lui-même héritier du légataire. Le tiers qui n'est qu'un simple distributeur n'est autre qu'un exécuteur testamentaire.

Le tiers qui est lui-même héritier ou légataire est ce que l'on nomme dans le langage du droit un légataire conditionnel et le legs est dit être fait avec charge (1).

Or, quelle est, en droit commun, la situation d'un légataire

____

(1) Il y a legs faits sous une charge, dit à cet égard M. Dalloz (v° *Dispositions entre-vifs*, n° 3532), lorsque le testateur a prescrit au légataire de faire telle chose ou de donner telle chose (L. 17 § 4, ff., *De condit. et demonstr.*).

conditionnel vis-à-vis du bénéficiaire de la condition, et quelle est celle du bénéficiaire tant à l'égard du légataire conditionnel que du testateur? Les jurisconsultes sur ce point sont unanimes. Le bénéficiaire est un véritable légataire, et le droit qu'il tient du testament est direct et n'est point subordonné à la capacité ou à l'incapacité du légataire conditionnel. (V. en ce sens Dalloz, *Jurisp. gén.* v° *Dispositions entre-vifs,* n°s 3532 et suiv. Duranton, t. 9, no 320; Demolombe, *Des donations,* t. 2, n° 614 et les autorités citées. Avis du conseil d'Etat, 28 mai 1830.)

C'est ce que la jurisprudence a décidé de son côté.

« Considérant, dit un arrêt de la cour de Colmar du 10 mars 1832 (confirmé par un arrêt de la chambre des requêtes sur pourvoi, le 27 novembre 1833), que la constitution d'un legs particulier n'exige point une disposition directe ; que la seule obligation imposée à un légataire de payer un don ou de livrer une chose constitue un véritable legs, qui, d'après le § 2, tit. 20 des Institutes, se faisait *per damnationem, damno heredem meum,* je charge mon héritier.... qu'ainsi la disposition du jugement qui ôte le caractère du legs aux dispositions du testament qui impose au légataire à titre universel l'obligation d'acquitter diverses sommes aux individus y dénommés, est contraire à la loi et aux principes.» (V. égalément en ce sens, Caen. 12 nov. 1869; D. P. 69, 2, 225 ; Req. 21 juin 1870, D. P. 71, 1, 97.)

Si la clause d'un testament chargeant un légataire de remettre une somme déterminée à un tiers constitue un legs en faveur de ce dernier, on doit décider à plus forte raison que la disposition par laquelle un testateur lègue à un légataire un objet déterminé *pour* un tiers constitue un véritable legs, le légataire dénommé n'étant, en réalité comme en droit, qu'un exécuteur testamentaire.

Si le destinataire du legs est : *les pauvres de telle commune ou de telle paroisse,* les pauvres de cette catégorie n'étant pas personnes incertaines sont constitués légataires. Et ils sont dès lors représentés par l'administration qui a qualité pour agir et recueillir en leur nom, c'est-à-dire par le bureau de bienfaisance de la commune. La personne nommée au testament n'est plus que l'exécuteur testamentaire ou le légataire conditionnel dont il a été question plus haut. Si la personne nommée est une fabrique, personne civile inapte à recueillir un legs pour des pauvres, son incapacité ne saurait empêcher le légataire réel, c'est-à-dire la compagnie des pauvres de la commune, de recevoir et d'accepter l'avantage qui leur est fait. Et il en est ainsi quelle que soit la qualification que l'on donne à l'institution de la fabrique, que ce soit celle d'un légataire conditionnel, ou d'un exécuteur testamentaire, car, au premier cas, si l'on considère le legs comme fait aux pauvres sous condition de leur être livré et distribué par la fabrique, la condition est contraire aux lois, puisque, d'après les lois, la fabrique ne peut représenter les pauvres, et, aux termes de l'art. 900, elle est réputée nulle et non écrite, et le legs est pur et simple; et, au second cas, l'incapacité de l'exécuteur testamentaire ne saurait empêcher le légataire particulier de recevoir la disposition faite en sa faveur.

C'est ce que la jurisprudence de toutes les cours a décidé sans hésitation pendant près de soixante-dix ans. Examinons rapidement quelques espèces.

Une demoiselle Thibaut avait rédigé, le 25 mars 1841, un testament ainsi conçu : « Je lègue un quart de tel bien pour M. le curé de l'église Saint-Eloi à Dunkerque, pour être distribué aux pauvres de sa paroisse ; un quart à M. le curé de St-Jean-Baptiste pour être distribué aux pauvres de sa paroisse ; un quart à M. l'aumônier de l'hospice pour servir au soulagement de ses pauvres malades ; enfin, un quart à mon confesseur, pour servir au soulagement des pauvres malades non secourus par l'hospice. » La commission administrative de l'hospice et le bureau de bienfaisance de Dunkerque demandèrent la délivrance des legs comme faits aux pauvres et aux pauvres malades, délivrance qui fut réclamée, d'un autre côté, par les ecclésiastiques dénommés dans la disposition testamentaire. Le 11 février 1845, arrêt de la cour de Douai dont nous extrayons ce qui suit :

«Attendu que par testament, etc...— Attendu que les légataires en vertu des dispositions précitées, *sont les pauvres de la ville de Dunkerque* et non les quatre ecclésiastiques qui ne sont pas désignés par leurs noms, *mais seulement par leurs fonctions...*— *que les pauvres de Dunkerque sont appelés à recueillir* et les *ecclésiastiques seulement à distribuer les libéralités dont il s'agit...* — Attendu qu'un legs de cette nature rentre évidemment dans les termes des art. 910 et 937 Code civ.; qu'il doit être *accepté et recueilli par les représentants légaux des pauvres...* — Ordonne que l'exécuteur testamentaire sera tenu de verser aux mains du receveur du bureau de bienfaisance et des hospices, etc....»

A la même époque et devant la cour de Bordeaux se présentait une affaire semblable. Un legs de 10,000 fr. était fait *aux sœurs de charité de l'hospice de Bordeaux, pour les plus pauvres malades* de l'hospice. Une contestation s'éleva entre l'hospice et les sœurs. Le 26 juin 1845, arrêt conçu en ces termes: — Attendu qu'il est certain, en thèse générale, que la volonté du testateur doit être exécutée telle qu'elle a été manifestée, lorsque le sens en est clair et précis; mais que, lorsque la libéralité est faite *non à un individu, mais à une classe de personnes dont les droits et les biens sont placés sous la tutelle et la surveillance d'administrations* spécialement établies par la loi, *le testateur n'a pu ignorer que l'effet de sa bienfaisance était subordonné à l'autorité et aux règles de cette administration;* — Attendu que le capital de 5,000 fr. *a été légué aux pauvres malades* de l'hospice de Bordeaux, que si cette somme *doit être versée dans les mains des sœurs de charité de cet hospice,* la libéralité *étant faite aux pauvres malades,* le legs doit cependant être *délivré à la commission administrative* à la charge par elle, après la délivrance faite et conformément aux intentions du testateur, etc.... Attendu que cet état de choses, résultat de la qualité des personnes que le testateur a voulu gratifier, n'a pu être ignoré par lui ..... — Ordonne la délivrance à la commission administrative des hospices de Bordeaux de la somme de 5,000 fr.»

Nous pourrions multiplier les citations judiciaires et reproduire un grand nombre d'arrêts, notamment un arrêt de la cour d'Orléans du 5 avril 1846 (affaire Arnold c. de Montblanc); un arrêt de la cour de Douai du 23 juin 1846 (affaire Bureau de bienfaisance de Sercus c. Honotte); un arrêt de la cour de cassation du 15 novembre 1847 (affaire Arnold c. de Montblanc); un arrêt de la cour de Bordeaux du 6 juin 1856 (affaire de Prinsay c. Bureau de bienfaisance de Bourg); un arrêt de la cour de Caen du 29 février 1864, confirmé sur pourvoi par la chambre civile de la Cour de cassation le 6 novembre 1866

(affaire héritiers Varin c. bureau de Bienfaisance de Caen);
un arrêt de la cour d'Aix du 14 juillet 1873 (affaire Allouis c.
de Villeneuve). Contentons-nous de citer deux décisions judiciaires qui, par l'autorité de la juridiction de qui elles émanent
et par les circonstances de faits à la suite desquels elles ont été
rendues, paraîtront, sans doute, suffisamment caractéristiques.

Le 29 juillet 1849, décédait à la Villette un sieur Hubert,
ancien notaire, qui aux termes d'un testament olographe avait
institué comme *légataire universel* un sieur Tandou. — Le
testament contenait entre autres dispositions les suivantes:
Dispositions en faveur de pauvres ouvriers. « Dans le cours des
dix années qui suivront mon décès, *mon légataire universel*
fera l'acquisition d'une maison neuve.... Les logements *seront
donnés à des ouvriers honnêtes,* qui *seront malheureux...* M. Tandou s'aidera pour l'exécution de toutes les dispositions ci-dessus
du concours de *MM. X., X., que je nomme mes exécuteurs testamentaires* en ce qui *concerne ces dispositions seulement....* Ils
devront accomplir la mission qui leur est imposée au profit des
ouvriers susdésignés par eux-mêmes... Sans pouvoir jamais, à
telle époque que ce puisse être, *le transmettre ni à l'administration des hospices, ni aux bureaux de bienfaisance, ni à aucune
autorité administrative quelconque.»* L'administration de l'Assistance publique et le bureau de bienfaisance de la Villette furent
autorisés par décret du 6 avril 1852 à accepter le legs fait dans
cette disposition, conformément aux clauses du testament,
en tant qu'elles ne seraient pas contraires aux lois et à l'ordre
public. Cette administration et le maire de la ville formèrent une
demande en délivrance du legs, qui fut combattue par le sieur
Tandou.

Le 4 mars 1855, jugement du tribunal de la Seine, ainsi conçu:
— Attendu que le directeur de l'Assistance publique et le préfet
de la Seine, au nom de la commune de la Villette, demandent
la nullité de trois des clauses contenues audit testament, savoir:
d'une part celle qui *confie à des personnes déterminées l'exécution
du legs dont il s'agit et celle qui exclut de cette mission toute autorité administrative,* d'autre part (sans intérêt); — Attendu que,
suivant l'art. 900 C. Nap., dans toute disposition testamentaire,
les conditions contraires aux lois et aux bonnes mœurs doivent être réputées non écrites; qu'il est constant, en droit,

que les termes de la loi sont applicables *non pas seulement aux conditions proprement dites, mais bien à toute clause impérative ou prohibitive qui serait contraire aux lois et aux bonnes mœurs,* ainsi que l'exprimait la loi des 5-12 avril 1791, dans laquelle a été puisé l'art. 900 C. civ. ; — Attendu quant aux premières clauses qu'un legs fait au profit de personnes incertaines *ne peut avoir d'effet qu'à la condition que ces personnes aient un représentant établi ou reconnu par la loi;* — Attendu *que cette prohibition est d'ordre public et qu'ainsi il y a nécessité d'y pourvoir sans s'arrêter aux dispositions indiquées par le testateur ;* — Attendu que si le testateur exclut de l'exécution du legs toute autorité administrative, cette clause était intimement liée, dans la pensée du testateur, au mode d'exécution qu'il avait prescrit et dont le vice vient d'être démontré, qu'elle doit donc disparaître..... Le tribunal déclare *nulles comme non écrites les clauses du testament par lesquelles Hubert charge son légataire universel et ses exécuteurs testamentaires de l'exécution de ses dispositions en faveur des pauvres ;* — 2° exclut de cette mission toute autorité administrative ; 3°....

Sur l'appel du sieur Tandou, arrêt de la cour de Paris du 27 novembre 1855, qui confirme purement et simplement le jugement. Pourvoi. Arrêt de la Cour de cassation du 4 août 1856 :

Attendu qu'il résulte évidemment et des expressions mêmes dans lesquelles est conçu le testament de Hubert et de la combinaison de ses diverses dispositions que *l'intention du testateur était de faire, en faveur des ouvriers pauvres, un véritable legs* dont la propriété leur appartînt à toujours, et que, dès lors, il était du devoir de la justice d'assurer la durée perpétuelle de cette fondation, *en la dégageant, aux termes de l'art.* 900, *des conditions impossibles et contraires aux lois et aux mœurs,* qui auraient pu la vicier ou la faire périr contrairement à la pensée charitable qui domine l'ensemble du testament; — Attendu que, le mode de direction indiqué par Hubert devant disparaître, il y avait nécessairement lieu de pourvoir à l'administration de la fondation, *dans les termes ordinaires du droit, sans égard au vœu exprimé par ledit Hubert,* pour l'exclusion perpétuelle de toute intervention administrative, exclusion qui, *constituant elle-même une condition contraire aux lois, doit être réputée non écrite...* — Attendu qu'en la jugeant ainsi et en annulant, pour ces motifs, les clauses dont il s'agit, l'arrêt attaqué, loin de violer aucune des dispositions législatives invoquées à l'appui du pourvoi, a fait au contraire à l'espèce une juste application des principes de la matière; — Rejette. »

La seconde décision a été rendue dans les circonstances suivantes : Une dame Bonabaud est décédée à Clermont-Ferrand, le 26 juin 1868, laissant divers testaments par lesquels elle léguait deux sommes de 100,000 francs dont le revenu devait être employé à servir une rente annuelle de 200 francs par personne à vingt-cinq vieillards âgés de soixante à soixante-dix ans, n'ayant pas de ressources suffisantes pour vivre. Les bénéficiaires des pensions devaient être désignés par les juges de paix des quatre cantons de Clermont, que la testatrice nommait *ses exécuteurs testamentaires.* La testatrice excluait de toute immixtion dans la surveillance du legs *soit l'administration des bureaux de bienfaisance, soit celle des hospices.* Malgré cette clause, un décret du 12 août 1872 autorisa le bureau de bienfaisance à accepter le legs. Les héritiers de la dame Bonabaud attaquèrent les dispositions testamentaires. Le bureau de bienfaisance intervint alors dans l'instance, pour soutenir que les libéralités faites par la testatrice constituaient un legs en faveur des pauvres et demander l'envoi en possession. Sur ces contestations est intervenu, à la date du 1er juin 1874, un arrêt de la cour de Riom, qui a fait droit à la demande formée par le bureau de bienfaisance.

Sur le pourvoi formé par les héritiers Bonabaud, la Cour de cassation a rendu l'arrêt suivant :

« Attendu qu'il résulte des testaments de la veuve Bonabaud : 1º que le don en faveur des soixante-quinze vieillards de Clermont *leur est fait directement et qu'ils sont les légataires certains institués par la testatrice;* 2º que les vieillards gratifiés sont ceux qui, sans être réduits à la mendicité, n'ont que de trop faibles moyens d'existence et ne peuvent plus se procurer qu'une partie de ce qui leur est nécessaire; —Attendu que les vieillards ainsi désignés sont au nombre de ceux qui, aux termes des lois et règlements sur les établissements de bienfaisance, ont droit à des secours ; — qu'ils forment une catégorie des pauvres qui, aux termes des art. 911 et 937 C. civ., peuvent recevoir des libéralités, et *sont représentés par les administrateurs des bu-*

reoux de bienfaisance, — que la *disposition des testaments qui exclut les bureaux de bienfaisance de l'administration des biens légués est contraire aux lois, qui dans un intérêt d'ordre public ont créé et organisé les bureaux de bienfaisance* POUR LA MISSION DE GÉRER, D'ADMINISTRER LES BIENS DES PAUVRES, *sous le contrôle de l'autorité administrative;* — d'où il suit qu'en réputant non écrite la clause qui interdit aux bureaux de bienfaisance de Clermont-Ferrand de s'ingérer dans la gestion des biens légués à une partie des pauvres de cette ville, l'arrêt n'a pas violé les articles du Code susvisés, et en a fait, au contraire, une juste application ;

« Sur le deuxième moyen : Attendu que l'arrêt attaqué, interprétant les dispositions testamentaires de la veuve Bonabaud, déclare que les vieillards pauvres de la ville de Clermont *sont les légataires certains institués directement* par les testaments ; — que l'art. 910 déclarant les pauvres capables de recevoir les libéralités à eux faites, il en résulte que le legs *fait à une catégorie de pauvres n'est pas fait à une personne incertaine;* — Attendu que la mission donnée aux juges de paix de Clermont, nommés exécuteurs testamentaires, ne peut *être considérée que comme le mode d'exécution des libéralités faites à des personnes incertaines,* etc... Rejette » (D. 14 juin 1875, D. P. 76, 1, 132).

—

Est-il quelque chose de plus clair que la doctrine qui ressort de l'ensemble des arrêts que nous venons de citer ? — Les juges civils des cours d'appel à Colmar, à Douai, à Orléans, à Bordeaux, à Paris, à Caen, à Riom, ont déclaré successivement et déclarent encore que le véritable légataire désigné par un testament est celui auquel doit profiter la disposition testamentaire ; que le légataire nominal institué, quand il ne doit pas profiter de la libéralité, n'est que l'exécuteur testamentaire ; que les pauvres sont des personnes certaines aptes à recueillir des dispositions testamentaires ; que leur représentant légal est le bureau de bienfaisance ; que toute clause tendant à l'exclusion de ce représentant légal est nulle. Cette doctrine des cours d'appel a reçu à quatre reprises la consécration de la Cour de cassation. Qu'importent, dès lors, deux arrêts isolés — ou plutôt un arrêt isolé rendu par la cour d'Angers, le 23 mars

4

1871 (1), s'élevant contre cette jurisprudence unanime et constante?

Est-ce la cour d'Angers, statuant le 23 mars 1871, à une époque où d'un bout de la France à l'autre les désastres d'une guerre sanglante avaient fait perdre aux esprits les plus fermes la sage impartialité nécessaire aux arrêts de la justice, ou bien est-ce la Cour de cassation, statuant avec la calme modération des jours d'étude et de tranquillité, qui doit fixer la jurisprudence!

En vérité, on demeure confondu, quand on examine avec soin les différentes phases de la lutte entreprise depuis 1801 par les fabriques, de l'habileté avec laquelle cette lutte a été menée. Un mot est glissé dans un article de la loi de germinal, qui, inscrit sans commentaire, prend aussitôt une importance considérable. Un homme, éminent, sans doute, mais dont l'avis n'engageait que lui-même et l'administration qu'il dirigeait, donne à ce mot le sens que lui attribuaient les soutiens des conseils de fabrique. Et aussitôt ces dernières de s'emparer de cet avis, de le publier, de le commenter, de l'étendre. On fait tant de bruit autour que toutes les décisions que rend pendant quarante années le conseil d'Etat pour résister à ce mouvement, en sont pour ainsi dire étouffées. La justice civile est saisie de la difficulté. Une cour secondaire, isolée, appuie les prétentions des fabriques. Et le même tapage se produit autour de l'arrêt qu'elle a rendu, et les décisions de vingt tribunaux de même rang, celles de toutes les chambres de la Cour suprême, qui condamnent ces réclamations, en demeurent presque effacées. Il semble que, depuis la promulgation de la loi de germinal, il n'y ait eu pour interpréter l'art. 76 qu'un avis de Portalis et un arrêt de la cour d'Angers.

Dans l'avis qu'il a émis en 1873, le conseil d'Etat ne s'appuie guère que sur cet avis et cet arrêt. De l'un, il fait l'avis du législateur en germinal an X, de l'autre la jurisprudence des tribunaux civils. Il est impossible de méconnaître plus complètement la réalité des faits. Sans doute, Portalis a été l'un des rédacteurs de la loi de germinal, et, si l'on veut même, le principal rédacteur; mais cette loi n'était que l'application des principes établis à Rome et à Paris lors de la discussion du

_____

(1) Aff. de Langotièrec. Commune de Val-Baugé (D. 73, 2, 227).

Concordat lui-même. Portalis n'a pris qu'une part des plus secondaires à l'élaboration du Concordat, dans laquelle la part principale et dominante revient à M. d'Hauterive, à M. Berrier, à M. de Cacault, et, enfin, à M. de Talleyrand. Or, si l'on consulte les dépêches échangées entre Rome et Paris à cette époque, on peut se convaincre que, bien loin que les auteurs français du Concordat aient songé à rétablir les biens des églises, l'une de leurs préoccupations principales fut de faire admettre que les biens, naguère confisqués, ne seraient pas rendus et que les fondations ne seraient pas rétablies. Ce ne fut qu'avec une peine infinie que l'on décida le premier consul à promettre d'accepter des fondations en faveur des *prêtres infirmes* et des *nécessités du culte*.

D'un autre côté, quel intérêt attacher à l'arrêt d'Angers (1)? Sans doute, la cour d'Angers a adopté une doctrine identique à celle de l'avis du conseil d'Etat de 1873. Mais est-ce qu'un arrêt de cour d'appel a jamais été considéré comme engageant la jurisprudence des autres tribunaux? La Cour de cassation a seule le pouvoir régulateur. Et quant à la jurisprudence des tribunaux inférieurs, elle ne devient *la jurisprudence* que quand par son unanimité elle consacre une doctrine. Or, nous avons démontré que, dans le congrès des cours d'appel, la cour d'Angers soutenait une théorie absolument contredite par toutes les autres.

Prenons donc pour ce qu'elles valent et l'opinion de Portalis et la décision de la cour d'Angers, et, pour trancher la question qui en fait l'objet, référons-nous-en aux règles générales du droit public, aux prescriptions de nos lois spéciales et aux dispositions de notre Code civil.

Or, nous avons déjà exposé les unes et les autres. Les premières veulent que chaque établissement public ait ses fonctions spéciales à raison desquelles il a été créé. Selon les secondes, les bureaux de bienfaisance ont mandat de représenter les pauvres, et d'accepter pour eux les donations et les legs qui leur sont offerts; selon les troisièmes, enfin, le véritable légataire dans l'attribution d'une disposition à titre gratuit est, non

____

(1) L'arrêt de Grenoble, du 5 juillet 1869, que quelques personnes citent comme consacrant une doctrine similaire de celle de la cour d'Angers, statue sur une espèce absolument différente, et est motivé par des considérations juridiques autres.

la personne qui doit remettre le legs ou la donation, mais celle qui doit la recueillir.

Nous concluons donc en disant que les bureaux de bienfaisance sont seuls habiles à recevoir les dons et legs destinés aux pauvres, et que, seuls, ils doivent être autorisés à les accepter.

IV.

Les fabriques ont-elles qualité pour recevoir des libéralités destinées à la création d'écoles ou d'établissements d'instruction ?

La discussion juridique à laquelle nous nous sommes livrés ci-dessus au sujet de leur aptitude à recueillir les legs destinés au soulagement des indigents nous permettra d'abréger considérablement les observations qu'il y a lieu de présenter à cet égard.

Disons tout d'abord que si, dans la pratique administrative, sous le premier empire et le gouvernement de la Restauration, la question s'est présentée en fait, elle n'a pas été, en droit, l'objet de contestations. C'est en 1837 seulement, pour la première fois, dans l'affaire de la commune de Courthezon(1), que le conseil d'Etat a eu à l'examiner. Nous avons rapporté le texte de la décision intervenue alors, et exposé les modifications successives que reçut la jurisprudence à diverses époques, et nous ne reviendrons pas sur cet historique.

Mais en 1873, en même temps qu'était modifiée la doctrine professée jusque-là en matière de libéralités faites dans l'intérêt des indigents, était changée celle qui avait servi de règle dans la matière qui nous occupe. La décision du Conseil qui porte la date du 21 juillet 1873 est conçue dans les termes suivants :

« Le conseil d'Etat, qui, sur le renvoi ordonné par M. le ministre de l'instruction publique, des cultes et des beaux-arts, a pris connaissance d'un projet de décret ayant pour objet :

1° D'autoriser le trésorier de la fabrique de l'église succursale de Saint-Georges-de-Lusençon (Aveyron) et le maire de Saint-Georges-de-Lusençon, au nom de cette commune, à accepter conjointement, chacun en ce qui le concerne, et aux

(1) Voy. ci-dessus, t. XLVI, p. 474 et suiv.

clauses et conditions énoncées, un legs fait à ladite fabrique par la demoiselle Galtier, consistant en une somme de 3,000 fr. et une maison estimée 3,000 fr., pour l'entretien de sœurs d'un ordre religieux chargées de donner l'instruction et l'éducation aux jeunes filles de la paroisse de Saint-Georges ;

2° De prescrire que la somme de 3,000 fr. sera employée à l'achat d'une rente sur l'État qui sera immatriculée aux deux noms de la fabrique et de la commune ; que la destination des arrérages sera mentionnée sur l'inscription, et que la garde du titre sera confiée au receveur municipal ;

Vu le testament et le codicille de la demoiselle Galtier ;

Vu la lettre, en date du 25 avril 1873, par laquelle M. le ministre de l'instruction publique, des cultes et des beaux-arts exprime l'opinion que les établissements ecclésiastiques ou religieux ont capacité pour fonder et entretenir des écoles, et indique sous quelles conditions pourrait leur être donnée l'autorisation de recueillir des libéralités ayant cette destination ;

Vu la lettre, en date du 18 mai 1873, par laquelle M. le ministre de l'intérieur adhère, en principe, aux considérations indiquées par M. le ministre de l'instruction publique, des cultes et des beaux-arts ;

Vu les autres pièces produites ;

Vu les art. 910 et 937 du Code civil, la loi du 2 janvier 1817, les ordonnances des 2 avril 1817 et 14 janvier 1831 ;

Vu la loi du 18 germinal an X, portant organisation du culte catholique, et le décret du 30 décembre 1809 sur les fabriques ;

Vu la loi du 18 germinal an X, portant organisation des cultes protestants, et le décret du 26 mars 1852 ;

Vu le décret du 17 mars 1808 et les ordonnances des 29 juin 1819, 20 août 1823 et 25 mai 1844, portant règlement pour l'organisation du culte israélite ;

Vu les avis du conseil d'Etat des 12 avril 1837, 4 mars 1841, 30 décembre 1846, 10 juin 1863 et 6 mars 1873 ;

Vu l'arrêt de la Cour de cassation du 18 mai 1852 (legs Haussmann), l'arrêt de la cour d'appel de Grenoble du 5 juillet 1869 (legs Mennel), et l'arrêt de la cour d'appel d'Angers du 23 mars 1871 (legs de Langottière) ;

Vu l'avis du conseil royal de l'instruction publique du 20 février 1837 ;

Considérant qu'il résulte de l'instruction que la demoiselle
Galtier avait, depuis 1859, établi dans la maison léguée, pour
les jeunes filles de la paroisse de Saint-Georges-de-Lusençon,
une école libre tenue par des religieuses ;

Que, dans le but de perpétuer sa fondation, elle a légué la maison et une somme de 3,000 francs à la fabrique de cette paroisse, en indiquant la destination de sa
libéralité ;

Considérant que le projet de décret proposé autorise, conformément à l'avis du 10 juin 1863, la fabrique à accepter le
legs, mais seulement à la condition : 1° que la commune
interviendra dans l'acceptation conjointement avec la fabrique
légataire ; 2° que la rente qui sera achetée au moyen de la
somme de 3,000 fr. sera immatriculée conjointement aux deux
noms de la commune et de la fabrique ; 3° que la garde du
titre sera confiée au receveur municipal, et non au trésorier de
la fabrique ;

Considérant que ces conditions ne découlent pas du testament comme une conséquence nécessaire des stipulations
qu'il contient en faveur de la commune, qu'en effet si la charge
imposée à la fabrique constitue au profit des enfants de la paroisse un avantage qui paraît de nature à être accepté en leur
nom par le maire, et qui peut donner le droit à l'administration
municipale de veiller à ce que cette charge ne soit pas oubliée,
elle ne justifie pas une intervention se produisant dans des
termes qui semblent transporter à la commune une part dans la
propriété des objets légués à la fabrique et dans la direction
de l'école, et qui lui attribuent un rôle prépondérant dans
l'exécution du legs ;

Considérant que ces conditions sont imposées par le projet
de décret, en vue de suppléer à l'incapacité prétendue de la
fabrique, soit pour accepter, soit pour exécuter un legs de
cette nature ;

Considérant que la première question est essentiellement
judiciaire, et que, toutes les fois que les tribunaux ont été
appelés à se prononcer, ils ont jugé, notamment par les arrêts
susvisés, que les établissements religieux appartenant à l'un des
cultes reconnus par l'Etat, et en particulier les fabriques et les
consistoires, ont capacité pour recevoir des libéralités destinées
à fonder ou à entretenir des écoles, à la seule condition d'obte-

nir du gouvernement l'autorisation exigée par l'art. 910 du Code civil ;

Considérant, sur le deuxième point, que, si la loi n'a imposé qu'aux autorités civiles l'obligation de créer et d'entretenir des écoles, aucune disposition n'interdit aux établissements qui représentent les intérêts religieux d'un groupe d'habitants partageant les mêmes croyances, de veiller et au besoin de pourvoir à ce que les enfants de ces habitants reçoivent l'instruction ;

Que, loin de là, diverses dispositions législatives ou réglementaires reconnaissent expressément ce droit aux établissements appartenant aux cultes non catholiques ;

Que l'on peut citer notamment la loi du 18 germinal an X et le décret du 26 mars 1852 sur l'organisation des cultes protestants, qui visent *la discipline ecclésiastique des églises réformées de France* et qui fixent les attributions des consistoires et des conseils presbytéraux ; le décret du 17 mars 1808 et les ordonnances des 29 juin 1819, 20 août 1823 et 25 mai 1844, qui règlent l'organisation du culte israélite et qui fixent les attributions du consistoire central et des consistoires départementaux ;

Que l'art. 31 de la loi du 15 mars 1850 sur l'enseignement, inspiré par la même pensée, confère aux consistoires le droit de présenter les instituteurs pour les écoles communales protestantes ou israélites ;

Qu'en fait la plupart des consistoires subventionnent ou entretiennent des écoles et possèdent des rentes et des immeubles qu'ils ont reçus ou acquis dans ce but avec l'autorisation du gouvernement ;

Que, si à l'égard des fabriques les règlements sont muets et si les autorisations de ce genre ont été plus rares, ce n'est pas parce qu'il existerait dans leur organisation et leurs attributions une différence essentielle créant aux yeux de la loi une irrégularité inexplicable, au détriment du culte de la majorité : c'est par des considérations de fait et parce que, les conseils municipaux pouvant en général être regardés comme représentant naturellement les intérêts et les sentiments de la majorité catholique, l'intervention des conseils de fabrique paraissait inutile, tandis que celle des consistoires était réputée nécessaire pour donner satisfaction aux intérêts religieux des minorités ;

Que cependant, à toutes les époques, des autorisations ont été données aux fabriques, même en dehors des localités où la population catholique était en minorité (1) ;

Qu'en fait un certain nombre de fabriques emploient des ressources spéciales à soutenir des écoles ;

Que cet état de choses ne paraît avoir jamais présenté aucun inconvénient ;

Qu'au contraire, l'autorité universitaire, à diverses époques, en a reconnu les avantages ainsi que la légalité (avis du 10 février 1837) (lettre de M. Guizot, ministre de l'instruction publique, 9 mars 1837 ; de M. Segris, ministre de l'instruction publique, 6 avril 1870 ; lettre de M. Jules Simon, 25 avril 1873) ;

Considérant qu'aujourd'hui plus que jamais il importe de multiplier les écoles et, en particulier, d'augmenter le nombre de celles qui sont pourvues de dotations allégeant les charges de l'Etat, des départements et des communes;

Que presque toutes les fondations de cette nature sont inspirées par le sentiment religieux et adressées à des établissements ecclésiastiques;

Qu'au lieu de décourager les donateurs en subordonnant l'exécution de leurs libéralités à des conditions qui s'écartent complètement de leurs intentions, il est, au contraire, conforme à l'intérêt public, en même temps qu'il est juste, de leur laisser la plus grande liberté compatible avec les exigences de la loi, et de se borner à édicter les prescriptions nécessaires pour assurer, dans l'avenir, l'exécution fidèle et durable de leurs volontés;

Que, pour atteindre ce but, il convient :

1o D'autoriser, d'une part, l'établissement légataire à accepter la libéralité; d'autre part, le maire de la commune à accepter le bénéfice qui en résulte en faveur des enfants en âge de fréquenter l'école;

2o Dans le cas où le montant de la libéralité doit être placé en rente, de prescrire que le titre mentionnera la destination des arrérages; qu'il sera immatriculé au nom de l'établisse-

(1) Voir, notamment, ordonnance royale du 3 mars 1836 et ordonnance rendue au contentieux, le 19 juin 1838, fabrique de l'église Saint-Epvre, à Nancy; décret du 22 janvier 1867, fabrique de Saint-Georges-les-Bains (Ardèche).

ment légataire ; qu'il restera en sa possession ; que le maire de la commune recevra une expédition du titre, du testament et du décret d'autorisation ;

3° De prescrire que les revenus et les dépenses de la fondation formeront un chapitre spécial dans le budget de l'établissement légataire, ainsi que cela se pratique sans difficultés pour les chapelles de secours ;

4° De constater, dans le décret d'autorisation, la nature de l'établissement (école primaire de garçons ou de filles, salle d'asile) ;

5° Dans le cas où les instituteurs et institutrices devront être congréganistes, de prescrire qu'ils seront choisis parmi les membres des associations ou congrégations religieuses vouées à l'enseignement et reconnues comme établissements d'utilité publique ;

6° De rappeler que l'enseignement devra porter sur des matières déclarées obligatoires par les lois ;

Considérant que, dans ces conditions et en présence de la faculté qui appartient à l'autorité supérieure d'apprécier les circonstances de chaque affaire et de refuser, s'il y a lieu, l'autorisation, il n'y a aucun inconvénient et il ne peut y avoir que des avantages à ce que les établissements ecclésiastiques soient autorisés, conformément à leurs traditions historiques, à recueillir, à administrer et à employer les libéralités destinées à des écoles ;

Que l'administration municipale aura titre et qualité, non pour exercer un contrôle sur l'emploi des revenus, mais pour s'assurer que le capital de la fondation est conservé et que le revenu est toujours inscrit avec sa destination au budget de l'établissement ;

Que l'établissement légataire, chargé par le fondateur de veiller à la continuation de sa pensée, administrera et emploiera librement les revenus de la fondation sans qu'aucune confusion puisse s'établir entre ces revenus et ses ressources normales et compromettre les services que la loi lui a spécialement confiés ;

Considérant que, pour les solutions ci-dessus indiquées, il n'y a pas lieu de distinguer si, au moment où l'autorisation est demandée, l'école dont il s'agit est publique ou privée ;

Qu'en effet, d'une part, le caractère actuel de l'école peut plus tard être changé ;

Que, d'autre part, l'école, soit libre, soit communale, devra toujours être régie par les prescriptions générales de la loi;

En ce qui concerne spécialement le legs de la demoiselle Galtier :

Considérant qu'il résulte de l'instruction que l'école à la dotation de laquelle est destiné le legs existe depuis plusieurs années; qu'elle a le caractère d'école libre; qu'elle est dirigée par des religieuses appartenant à une congrégation légalement reconnue; qu'elle reçoit gratuitement une partie des élèves; qu'elle prospère et que le témoignage des autorités universitaires lui est favorable,

Est d'avis qu'il convient d'autoriser l'acceptation du legs et d'adopter le projet de décret, après l'avoir modifié dans le sens des observations qui précèdent.

(24 juillet 1873. M. ERNOUL, ministre de la justice, *président;* M. MARBEAU, *rapporteur*). »

On le voit, l'avis du conseil d'Etat a pris un soin extrême de relever tous les arguments qui pouvaient, de près ou de loin, donner un appui à la thèse adoptée. Les traditions de l'histoire, les sentiments de plusieurs ministres de l'instruction publique, les décisions de fait rendues à quelques époques, l'intérêt des familles catholiques, la nécessité de multiplier les moyens d'instruction, le respect de la volonté des donateurs, l'état d'infériorité où se trouverait placé le culte de la majorité des Français vis-à-vis de ceux de la minorité, rien n'y manque qu'une réponse précise à cet argument brutal de l'avis de 1837 : « Considérant que les fabriques n'ont été reconnues comme établissements publics et autorisées à recevoir et à posséder que dans l'intérêt de la célébration du culte et dans les limites des services qui leur sont confiés à cet égard par les lois et décrets. »

C'est qu'en effet, cette objection est inéluctable. Si la personnalité civile est une fiction légale, elle est nécessairement renfermée dans les limites déterminées par la loi; or, la loi organique des fabriques, c'est l'art. 76 de la loi de germinal an X : « Il sera établi des fabriques *pour veiller à l'entretien et à la conservation des temples, à l'administration des aumônes.* »

La seule réponse qu'ait tentée le conseil d'Etat a été de dire : que cette première question est essentiellement judiciaire, et que, toutes les fois que les tribunaux ont été appelés à se pro-

noncer, ils ont jugé que les établissements religieux appartenant à l'un des cultes reconnus par l'Etat et en particulier les
fabriques et les consistoires, ont capacité pour recevoir des
libéralités destinées à fonder ou entretenir des écoles, à la
seule condition d'obtenir du gouvernement l'autorisation exigée
par l'art. 910 C. civ.

Question judiciaire ! Mais comment le conseil d'Etat, en 1873,
n'a-t-il pas vu que *la seule condition d'obtenir du gouvernement
l'autorisation exigée par l'art*. 910 la rend administrative au
premier chef? Cette autorisation, qui la donne? Le conseil
d'Etat? Et sous quelles obligations? La première est précisément que l'établissement institué ait, de par les lois, la capacité pour recevoir. C'est au conseil d'Etat qu'est réservé,
dans notre organisation administrative, le rôle de régulateur
suprême; c'est lui qui, par ses décisions, doit rappeler
chaque autorité et chaque établissement public à l'observation
des règles de leur compétence, et ne leur permettre de s'en
écarter sous aucun prétexte, car toute ingérance d'un fonctionnaire ou d'une administration dans les pouvoirs d'un autre
fonctionnaire ou d'une autre administration constitue inévi-
tablement le conflit, le désordre et l'anarchie.

Mais est-il exact, en fait, que l'autorité judiciaire, chaque
fois qu'elle s'est prononcée sur la question, ait jugé que les
fabriques avaient le droit de recueillir des libéralités destinées
à la fondation d'écoles? A l'appui de son affirmation, le conseil
d'Etat a cité trois décisions judiciaires, l'une émanant de la
Cour de cassation, rendue le 18 mai 1852, les deux autres des
cours de Grenoble (5 juillet 1869) et d'Angers (23 mars
1871).

Or, si l'on se reporte au texte de ces trois documents, on
constate, avec une certaine surprise, qu'aucun des trois ne
renferme la doctrine juridique que le conseil y a lue.

Dans la première de ces espèces, en effet, le débat s'élevait
entre un consistoire protestant et la ville de Paris. Il ne portait
pas sur la capacité de recevoir du consistoire protestant, qui
n'était pas discutée (1), cette capacité ayant été reconnue par

---

(1) On verra plus loin que les textes des lois organiques du culte protestant attribuent aux consistoires protestants des fonctions différentes de
celles des fabriques catholiques. Un mot de l'arrêt de la Cour suprême
semble étendre, d'une façon générale, à tous les cultes, la capacité spéciale

une ordonnance rendue en conseil d'État, mais reposait tout entier sur une simple question d'immatriculation de titre de rente, dépendant elle-même d'une question d'interprétation de la volonté du testateur, question tranchée au moyen de considérations de faits sans intérêt juridique.

Dans la seconde, le litige ne s'agitait pas, non plus, entre une commune et une fabrique, mais entre une commune, celle de Saint-Siméon, et l'évêque de Grenoble. Un abbé Mennel ayant légué, à l'évêque de Grenoble, diverses terres pour fonder à Saint-Siméon un établissement de Pères Maristes qui devaient faire l'école aux jeunes garçons et un établissement de sœurs institutrices de la Providence, un décret intervint qui autorisa l'évêque et la commune à accepter les legs, mais en décidant que la commune administrerait les immeubles légués, en percevrait les revenus et en garderait les titres de propriété. Les héritiers intentèrent une action en révocation de legs. La question, on le voit, n'était donc pas de savoir si une fabrique avait capacité de recevoir un legs pour fonder une école, mais de décider si, en substituant le maire de Saint-Siméon à l'évêque de Grenoble pour l'administration des biens légués, le conseil d'État n'avait pas substitué un institué à un autre institué et violé la volonté du testateur : « Attendu, dit l'arrêt, appliquant les règles générales de droit en cette matière, qu'en enlevant à l'évêque le choix des directeurs et des directrices des écoles fondées par l'abbé Mennel, ainsi que l'administration des biens affectés à l'entretien de ces écoles, on n'a pas tenu compte de la volonté expresse du testateur, et l'on a ouvert au profit de l'héritier institué une action en révocation de legs. »

Enfin, dans la troisième espèce, la contestation avait bien surgi entre une commune et une fabrique, mais le point juridique du débat s'éloignait encore plus de celui que nous examinons. Un sieur de Langottière avait légué à la fabrique de Viel-Baugé une maison et un capital de 8,600 fr. pour l'établissement de deux sœurs pour soigner les malades et instruire les enfants pauvres. Une condition expresse du testament stipu-

---

des consistoires protestants, mais on ne saurait oublier que la Cour de cassation, qui ne statue jamais que *secundum subjectam materiam*, n'admet pas que les doctrines qu'elle affirme sur un point non contesté puissent par induction être appliquées à des sujets qui sont l'objet de controverses qu'elle n'avait pas à examiner.

lait que les sœurs seraient choisies par le curé et demeureraient sous sa direction. Un décret, du 18 novembre 1863, autorisa le trésorier de la fabrique, le maire et le trésorier du bureau de bienfaisance, chacun en ce qui le concernait, à accepter le legs, mais en rejetant, comme contraire à la loi du 15 mars 1850, la condition que les sœurs chargées de la direction de l'école seraient placées au choix et sous la direction du curé. Les héritiers du testateur se refusèrent à la délivrance du legs. La cour d'Angers leur donna raison : « Attendu qu'il appartenait au conseil d'Etat d'accorder ou de refuser l'autorisation d'accepter le legs, mais qu'il ne pouvait lui appartenir d'en changer les conditions et de créer un testament arbitraire, qu'il suffisait de comparer les termes du testament avec ceux du décret pour reconnaître que la volonté du testateur avait été absolument méconnue par le décret. »

On le voit donc, il n'est rien moins qu'exact de dire que la question de la capacité des fabriques ait été résolue en leur faveur par l'autorité judiciaire, chaque fois qu'elle leur a été soumise. La vérité exacte est que les tribunaux civils ne l'ont jamais examinée. Le conseil d'Etat ne se trouve donc pas en présence d'une jurisprudence établie. Ajoutons d'ailleurs que, l'assertion que l'on produit fût-elle exacte, on ne saurait arguer des décisions rendues par les tribunaux ordinaires pour influencer ses propres déterminations. Tuteur légal des établissements publics, il est également le juge naturel de leurs intérêts, de leurs droits et de leurs obligations. Et, en semblable matière, si un conflit s'élevait entre ses doctrines et celles de la justice civile, ce n'est pas cette dernière, mais lui qui devrait faire autorité.

Mais, admettrait-on même que les fabriques eussent la capacité civile pour recevoir un legs destiné à la création d'une école, auraient-elles également la capacité administrative pour exécuter la clause du testament? Le conseil d'Etat, dans l'avis cité, s'est prononcé pour l'affirmative par deux motifs : le premier, que la loi n'interdit pas aux établissements qui représentent les intérêts religieux d'un certain nombre d'habitants de veiller à ce que ceux-ci reçoivent l'instruction; le second, c'est que ce droit est formellement reconnu aux consistoires protestants et qu'aucun texte ne crée au culte catholique une situation qui lui serait défavorable.

Autant d'affirmations, autant, croyons-nous, d'erreurs juridiques.

Et tout d'abord, on peut être surpris de voir une haute assemblée administrative jouer ainsi sur les mots. La loi reconnaît deux sortes d'établissements religieux : les établissements
publics qui sont une création nationale, remplissant une fonction publique et qui, à raison de cette fonction publique, constituent un des rouages de l'administration publique; et les établissements d'utilité publique, ayant une origine privée, mais
auxquels le gouvernement, à raison des services qu'ils peuvent
rendre, a donné la personnalité civile tout en leur laissant une
administration et un fonctionnement à peu près indépendants.
Si la loi n'interdit pas, à certains établissements d'utilité publique, de fonder et d'entretenir des écoles, il n'en est pas de
même des établissements publics. Or, les fabriques sont des
établissements publics et non d'utilité publique. Elles ont été
créées pour administrer et entretenir les temples et non pour
donner l'éducation. Telles sont les dispositions des lois sur
l'exercice du culte catholique.

D'un autre côté, les lois spéciales sur l'instruction primaire
sont précises : « La loi (art. 17 L. du 9 mars 1850) reconnaît
deux espèces d'écoles primaires ou secondaires : 1° les écoles
fondées ou entretenues par les *communes*, les *départements* et
l'*Etat*, *et qui prennent le nom d'écoles publiques*; 2° les écoles
fondées et entretenues *par des particuliers ou des associations,
et qui prennent le nom d'écoles libres* (1).

En vertu de laquelle de ces deux dispositions admettra-t-on
la fabrique à créer une école? Sera-ce comme représentant le
pouvoir communal? Elle ne le représente pas. Sera-ce comme
association libre? Elle n'est pas une association. Sera-ce
comme particulier? Elle est un établissement public.

Quel régime appliquera-t-on à l'école? Celui des écoles communales? Mais l'art. 31 veut que les instituteurs communaux
soient nommés par le conseil municipal. Celui des écoles libres?
Mais conçoit-on un établissement de l'Etat dirigeant une école
sur laquelle l'Etat n'a qu'une surveillance nominale portant
seulement sur la moralité, l'hygiène et la salubrité (art. 21)?

« Il y a deux sortes d'écoles, disait en 1873, dans la discus-

(1) La loi du 28 juin 1833 et l'ordonnance du 16 juillet 1833, qui ont été
abrogées par la loi de 1850, édictaient des dispositions semblables.

sion devant le conseil d'Etat, M. Hely d'Oissel (1), l'école communale et l'école privée, on veut reconnaître l'école du curé. »
Hé bien ! il faut le dire très nettement, il ne doit pas, il ne peut
y avoir d'école du curé. L'ordonnance du 5 octobre 1814 a
autorisé les archevêques et évêques à entretenir et diriger une
école ; jamais la Restauration n'a songé à donner un droit semblable au curé.

Mais, dit-on, ce droit que l'on ne concède pas à la fabrique et
au curé, on ne le conteste pas au consistoire et au pasteur. Est-
il admissible que la religion de la majorité des Français soit
placée dans une position inférieure à celle de la minorité ?

Il importe d'abord de reconnaître que, si l'on ne dénie pas
aux consistoires protestants et israélites une capacité spéciale,
c'est d'abord parce que le législateur a édicté vis-à-vis d'eux
des dispositions particulières, ainsi que nous le verrons plus
loin. Mais il est nécessaire ensuite d'observer que nos diverses
lois sur l'instruction publique en France ont de tout temps
réservé une part considérable à l'enseignement religieux ; or
la religion catholique étant dominante dans la plupart des communes, l'enseignement religieux catholique est presque partout
le seul donné dans les écoles publiques. Il n'était donc pas
nécessaire que le législateur sauvegardât les droits de la doctrine catholique, puisque par la loi générale même une protection suffisante lui était assurée. Il ne pouvait guère, au contraire, réserver à l'enseignement religieux protestant ou
israélite une part équitable, qu'en laissant aux consistoires le
soin de créer des établissements où l'on conserverait les traditions des croyances de Luther et de Moïse.

On invoque enfin, dans l'intérêt des fabriques, les leçons
de l'histoire. Avant la Révolution, dit-on, il existait, dans un grand
nombre de paroisses, des écoles dites de charité, administrées
par les marguilliers ; le curé en avait le gouvernement spirituel,
et les maîtres étaient choisis soit par le fondateur de l'école, soit
par l'assemblée générale des habitants de la paroisse (Jousse,
Gouvernement temporel des paroisses, p. 233 ; Mémoires du
clergé, t. 1, coll. 969, 1085).

Nous ne contredisons pas que l'arrêté du 23 janvier 1680 ait
réservé aux curés le droit de tenir et établir ces écoles ; nous

____

(1) Alors maître des requêtes, aujourd'hui conseiller d'Etat.

voulons bien consentir à reconnaître que l'origine de ces institutions remontait à Charlemagne, et que l'on avait pour les maîtres qui y enseignaient créé une dignité ecclésiastique particulière, celle d'*écolâtre* ou de chantre (André, *Cours de droit canon*, t. 3, p. 165).

Mais on nous concédera bien aussi que les règles du droit public du temps de Charlemagne ne sont plus suivies de nos jours, et que le plus savant des écolâtres ferait un piètre instituteur de village. Quels qu'aient été les droits et les fonctions des fabriques sous l'ancien régime, la révolution de 1789 a adopté et proclamé le principe que l'enseignement doit être donné par le gouvernement (1). La loi du 18 août 1792 décida qu'aucune partie de l'enseignement ne serait désormais confiée aux anciennes congrégations religieuses. Depuis lors les lois du 22 frimaire an II, du 27 brumaire an III, du 3 brumaire an V, du 11 floréal an X et enfin la loi du 28 juin 1833 ont chargé des soins de l'enseignement primaire l'administration municipale de chaque commune.

Et l'on sait que la loi de 1850, en rendant aux congrégations religieuses et aux membres du clergé la faculté d'enseigner, n'a pas entendu leur abandonner la charge de l'enseignement public.

(1) Si nous voulions examiner à qui appartenait, avant 1789, le privilège de donner l'instruction, nous démontrerions facilement que l'Etat a toujours revendiqué le droit d'enseignement comme étant l'un des attributs essentiels de la puissance publique (V. notamment édit du mois de février 1763 ; Troplong, *Pouvoirs de l'Etat sur l'enseignement*). — Voici ce qu'écrivait Portalis dans une consultation célèbre qu'il donnait à Aix à la date du 12 novembre 1768: « L'éducation nationale n'appartient qu'à l'Etat, puisqu'elle en est la base et le fondement le plus solide; cette partie de l'administration publique est toute civile et n'a rien d'ecclésiastique; c'est au souverain à former ses sujets; c'est à la patrie à élever ses citoyens; c'est à l'Etat à instruire ses membres.

« Sur quoi se fonderaient les gens d'Eglise pour envahir cette partie la plus précieuse de notre législation ? Sur ce que la religion doit être enseignée dans les collèges?

« Nous savons que l'étude des choses divines entre dans le plan d'une institution sage et bien ordonnée, et que l'on ne saurait trop inspirer à la jeunesse les grands principes qui forment le chrétien.

« Mais cette circonstance ne doit qu'exciter la vigilance des pasteurs et leur attention, sans leur servir de prétexte pour envahir une autorité qui ne réside et ne peut résider que dans les mains du magistrat politique. Il n'appartient qu'à lui ou ses représentants de régler les mœurs extérieures du citoyen, et de diriger la police générale du royaume, parce que l'autorité publique est essentiellement une. Le rapport direct ou indirect d'une institution avec la religion ne saurait altérer l'essence de cette institution ni la soustraire à la puissance temporelle. Le système contraire transporterait à l'Eglise tout pouvoir sur les mœurs publiques, tandis que l'Eglise, dans sa fondation divine, n'a reçu qu'un ministère de prière et de prédication et que toute espèce d'autorité extérieure, de juridiction proprement dite, de police dans l'Etat, lui ont été interdites. »

Nous arrêterons-nous davantage aux sentiments exprimés à diverses époques soit par le conseil royal de l'instruction publique (1), soit par divers ministres et notamment par M. Guizot en 1837 (2), M. Segris en 1870, ou M. Jules Simon en 1873?

Sans doute, dans les matières de pédagogie, nous admettrons

---

(1) Avis du conseil royal de l'instruction publique du 10 février 1837 :

« Le Conseil royal de l'instruction publique,

« Considérant qu'au point de droit, les fabriques sont, comme les hôspices, des établissements publics, annexes des communes dans lesquelles ils sont situés, et qu'ainsi ce qui est donné à la fabrique ne peut pas être considéré comme donné au préjudice de la commune, ou comme enlevé à la commune ; que ces établissements publics étant des personnes morales aptes à recevoir et à posséder sous toutes conditions qui n'ont rien de contraire aux lois, ni aux mœurs, et aucune loi n'interdisant aux fabriques de recevoir et de posséder sous la condition de fonder des écoles, on ne paraît pas légalement fondé à établir, à leur égard, d'une manière générale cette sorte d'incapacité ; — Que, dans certains cas particuliers, l'incapacité pourra être de fait appliquée par l'exercice du pouvoir laissé au gouvernement d'autoriser ou de ne pas autoriser l'acceptation des dons et legs faits aux fabriques et autres établissements publics ; et que |cette intervention discrétionnaire de l'autorité supérieure paraît devoir suffire pour prévenir les inconvénients indiqués dans la délibération du conseil d'Etat ; — Considérant que, suivant l'esprit de la loi du 28 juin 1833, qui considère, art. 13, les fondations, donations ou legs comme une des premières ressources de l'instruction primaire, là faculté d'unir ensemble les intérêts d'un établissement religieux ou charitable et les intérêts de l'éducation populaire doit être laissée aux donateurs ; et que cela est sans inconvénient pour l'ordre public, attendu que toute école primaire, quelle que soit son origine et sa nature, d'une part, est toujours soumise à la surveillance des autorités instituées par la loi ; d'autre part, contribue nécessairement, d'une manière plus ou moins directe, à l'avantage de la communauté, est d'avis, etc. »

(Rendu, *Code universitaire*, p. 939.)

(2) Lettre de M. Guizot du 9 mai 1837 :

« Je ne vois, en ce qui concerne les intérêts de mon ministère, aucune difficulté à ce que les fabriques soient autorisées à accepter les libéralités qui ont pour objet le service de l'instruction publique. C'est une heureuse idée que celle de réunir, par un lien aussi étroit que possible, l'intérêt de la religion et celui de l'éducation populaire. C'est elle qui inspire les donations qui se font assez fréquemment aux fabriques catholiques et aux consistoires des cultes dissidents, à la charge de fonder et d'entretenir des écoles. L'autorité doit protection et encouragement à ces dispositions, qui assurent l'instruction publique primaire par la double surveillance de la fabrique et de la commune, du pasteur et du maire. Il ne sort, du reste, nullement de là une concurrence nuisible aux écoles communales ; car de deux choses l'une : ou la donation sera assez considérable pour que la commune soit dispensée de faire elle-même des sacrifices pour l'établissement d'une autre école publique, ou la donation étant insuffisante pour acquitter la dette de la commune à l'égard de l'enseignement, celle-ci sera obligée d'entretenir une seconde école. Dans l'une comme dans l'autre hypothèse, il sera pourvu à l'instruction de tous les enfants ; et en cas de concurrence, il ne pourra que s'établir entre les deux écoles une émulation utile au bien du service. J'estime, d'ailleurs, que toutes les fois qu'il sera fait une donation en faveur des fabriques, des évêchés ou des congrégations religieuses enseignantes, à la charge de fonder des écoles publiques, il convient que l'ordonnance autorise l'établissement religieux donataire et l'autorité municipale à accepter simultanément la libéralité. »

que les avis du conseil royal de l'Université, et que les opinions
de M. Guizot et de M. Jules Simon doivent peser d'un grand
poids, mais nous ne croyons pas porter atteinte à la juste autorité dont les uns ou les autres peuvent jouir, en disant que le
conseil royal de l'Université n'est rien moins qu'un tribunal
de juristes, et que MM. Guizot et Jules Simon ne sont pas des
jurisconsultes. Or la question est essentiellement une question
juridique.

Les avis émis en 1837 procèdent, en effet, d'une double
erreur.

La première est que les personnes morales sont des sortes de
personnes naturelles aptes à posséder et recevoir tous biens,
pourvu que la loi n'ait pas prohibé les conditions mises à l'acquisition. Or nous avons vu plus haut que les personnes morales, étant des fictions légales, n'ont de capacité civile que
dans la limite du cercle de leurs attributions, et qu'au delà
elles n'ont pas d'existence. Pour qu'elles en puissent acquérir,
il n'est donc pas nécessaire que la possession leur ait été interdite, il suffit qu'elle n'ait pas été autorisée par les lois spéciales.

La seconde consiste à prétendre que la fondation d'une
école au moyen d'un don fait à la fabrique peut dispenser la
commune de l'obligation de posséder une école publique, et assurer l'instruction primaire par la double surveillance de la fabrique
et de la commune, du pasteur ou du maire. Aux termes des
lois spéciales, toute commune ayant un certain chiffre de population est tenue d'avoir au moins une école publique. Or, l'é-
cole publique est celle qui est *fondée* ou *entretenue* par une commune, un département ou l'Etat (L. de 1850, art. 17. L. de
1833, art. 8). L'école créée par une fabrique au moyen d'une
donation n'est donc pas une école publique, et ne dispense
pas, en principe, la commune de l'obligation de créer une école
publique communale. En outre, l'école de la fabrique étant
une école libre, l'enseignement qui y est donné n'est soumis à
l'inspection des autorités publiques que pour vérifier s'il n'est
pas contraire à la morale, à la constitution et aux lois.

Il importe, dit-on, de multiplier les écoles et d'augmenter le
nombre de celles qui sont pourvues de dotations. Or presque
toutes les fondations de cette nature sont inspirées par l'esprit
religieux et l'on doit encourager les donateurs en assurant l'exécution fidèle de leurs volontés.

Quel singulier syllogisme! On part de ce principe incontestable que le bienfait de l'éducation doit être répandu aussi largement que possible, pour en déduire que l'Etat a pour mission d'assurer l'exécution fidèle de la volonté de tout individu constituant une fondation dans un intérêt d'instruction.

Qui ne voit que ces deux propositions sont essentiellement distinctes ? Sans doute, on ne saurait trop multiplier les bienfaits de l'éducation, cependant les fondations ne sauraient être encouragées que sous la réserve que les donateurs n'imposent pas de conditions contraires aux lois et aux mœurs, car si l'Etat a un intérêt à n'avoir que des sujets instruits et éclairés, il en a un autre d'une nature différente, mais tout aussi grand, à ce que l'ordre règne dans toutes les parties de son administration, à ce que chacune des institutions placées sous sa dépendance se renferme dans le cercle de ses attributions, à ce qu'il puisse exercer un contrôle direct et permanent sur les actes de chacun des établissements publics qui émanent de lui. Or l'ordre cesse de régner le jour où entre l'école du maire et l'école du curé s'élève une rivalité, où la fabrique construit, entretient et surveille le collège que doit construire, surveiller et entretenir la commune, où l'éducation est donnée publiquement par des professeurs que le conseil municipal n'a pas choisis, sur lesquels il n'a pas d'action, et dont l'enseignement échappe à sa surveillance.

Chez tous les peuples, dans tous les temps l'Etat a revendiqué le droit exclusif à l'enseignement public (1). Par des considérations tirées de l'état social actuel, il a laissé à l'enseignement privé une certaine liberté. Mais il serait contraire à toutes les traditions d'un bon gouvernement qu'il autorisât des institutions chargées d'un service public étranger à l'instruction, à soutenir la concurrence de l'enseignement privé contre l'enseignement qu'il fait donner dans les écoles ouvertes par ses soins.

On prétend, il est vrai, garantir suffisamment les droits gé-

---

(1) « Les lois de l'éducation, dit Montesquieu (l. IV, ch. 1), sont les premières que nous recevons. Et comme elles nous préparent à être citoyens, chaque famille particulière doit être gouvernée sur le plan de la grande famille qui les comprend toutes. Si le peuple, en général, a un principe, les parties qui le composent, c'est-à-dire les familles, l'auront aussi. »

néraux de l'Etat en imposant aux fabriques, par le décret d'autorisation, l'obligation de choisir les instituteurs et institutrices quand ils devront être congréganistes, parmi les membres des associations ou congrégations religieuses reconnues comme établissements d'utilité publique, et en rappelant que l'enseignement devra porter sur les matières déclarées obligatoires par les lois.

Mais l'obligation de choisir les professeurs de l'école parmi les membres des congrégations autorisées ne laisse pas à l'Etat l'équivalence des droits que lui attribue la loi de 1850 (1) sur la tenue des écoles primaires communales. Elle ne lui conserve pas même ce minimum que lui accorde tout au moins cette loi, quand l'école communale est congréganiste, de faire nommer individuellement par le préfet l'instituteur, sur la présentation du directeur de la congrégation.

Quant aux matières qui doivent faire l'objet de l'enseignement, rappeler platoniquement qu'elles sont celles qu'impose la loi, ne sert de rien si l'Etat ne peut s'assurer par ses délégués de la façon dont elles sont professées et s'il n'est pas maître d'imposer ses méthodes.

On le voit donc : on ne peut admettre que les fabriques fondent et entretiennent des établissements scolaires qu'en violant les règles les mieux établies et les plus nécessaires du droit administratif et en faisant litière des devoirs de l'Etat en matière d'enseignement public. Nous sommes loin de la proposition soutenue par M. Jules Simon et le conseil d'Etat, en 1873, qu'il n'y a à tolérer un semblable état de choses aucun inconvénient. La passion religieuse a pu entraîner à un certain moment des esprits qui cherchaient à se convaincre. Plus froid et plus désintéressé aujourd'hui, il est indispensable que le conseil d'Etat en revienne aux idées gouvernementales qui ont inspiré pendant près de quatre-vingts ans la plupart de ses décisions.

Une nécessité absolue s'impose de revenir sur la jurisprudence adoptée en 1873. Ce n'est pas impunément qu'une administration viole les règles qu'a établies la loi. M. Jules Simon pensait peut-être alors que la faculté qui allait être abandon-

____

(1) Et la loi de 1850 ne peut être considérée comme ayant fait, en matière d'enseignement primaire, une part raisonnable aux droits de l'Etat. »

née aux fabriques n'aurait de résultats que d'accroître l'émulation des municipalités et de doubler les moyens d'éducation. Hélas ! il faut bien le reconnaître, la plupart des établissements d'instruction établis au moyen de donations faites à des fabriques le sont dans des communes peu fortunées, où la place de deux écoles n'était pas faite. Le désordre, la lutte se sont introduits dans les conseils de fabrique et les conseils municipaux. Les passions religieuses et antireligieuses s'en sont mêlées. Et dans la plupart des communes où existent, en face l'une de l'autre, l'école du maire et l'école du curé, on a deux mauvaises écoles primaires au lieu d'une bonne école publique. Il en faut revenir aux principes d'une saine administration. Au conseil municipal la commune et ses institutions, à la fabrique le temple et son service.

V.

Les considérations présentées plus haut nous dispenseront de discuter avec détails la question de savoir si les fabriques ont capacité pour fonder des établissements de bienfaisance ou pour établir des cimetières.

Il y a deux sortes d'établissements de bienfaisance : les établissements publics et les établissements particuliers. Les premiers sont ceux que l'Etat, les départements ou les communes fondent et entretiennent dans l'intérêt public, ou encore ceux qui, créés par des particuliers, ont été adoptés par l'administration et sont soumis par suite à sa direction supérieure.

Les seconds sont ceux qui ne procèdent pas directement de l'autorité publique et qui ont été fondés et sont administrés soit par des particuliers, soit par des sociétés libres de bienfaisance.

L'administration des établissements publics de bienfaisance a été placée sous la surveillance soit de l'Etat, soit des départements, soit des communes.

Quant aux établissements particuliers, les décrets qui les autorisent déterminent les conditions sous lesquelles les fondateurs les peuvent administrer.

Aucune place n'a été faite et aucun droit privatif n'a été réservé par la législation en vigueur aux fabriques. Celles-ci n'ont donc aucune capacité soit pour fonder, soit pour entretenir des hospices à quelque destination qu'ils soient réservés (1).

De même une fabrique ne peut acquérir un terrain destiné à l'emplacement d'un cimetière.

On a pu, sous l'ancien régime, rechercher à qui, des fabriques ou des communes, appartenaient les cimetières. Mais le décret du 23 prairial an XII et la loi du 28 juillet 1837 ont expressément réservé le droit des communes. Et il est aujourd'hui incontestable que les lieux de sépulture communs font partie du domaine public municipal (Déc. minist. du 15 brumaire an XI). La jurisprudence du conseil d'Etat sur ce point n'a, du reste, jamais varié (cons. d'Etat, 26 oct. 1825, 3 mai 1826, 4 juillet 1832, 15 mars 1833, 27 sept. 1838; Lettres du min. de l'int. du 20 août 1838; Circ. du min. de l'int. du 10 avril 1862).

Certains auteurs ecclésiastiques n'admettent pas, il est vrai, cette doctrine. Ils prétendent que les cimetières étaient autrefois des propriétés *paroissiales*, et qu'ils ont été compris dans la restitution de leurs anciens biens faite aux fabriques par l'arrêté du 7 thermidor an XI. Ils soutiennent, en outre, que le décret du 23 prairial an XII, en prescrivant la délimitation dans chaque cimetière d'un espace spécial pour chaque culte (art. 18), a réservé implicitement aux fabriques la possession de la partie du cimetière réservée à l'ensevelissement des morts catholiques (Affre, *Traité de la propriété canonique*, p. 209 à 220; André, *Cours de droit canon*, v° *Cimetières* et *Cours de législ. ecclés.*, cod. v°).

Mais il suffit de rapprocher les textes de loi invoqués par ces auteurs pour établir que leur opinion n'a pas de base sérieuse. En admettant, — ce qui ne saurait être accepté sans difficulté, — que les paroisses aient été jadis propriétaires des cimetières, il est certain que ces biens, qui ont fait retour à la nation par l'arrêté de l'an II, n'ont pas été compris parmi ceux qu'a resti-

____

(1) Il importe de remarquer que, de même que le conseil d'Etat n'admettait pas autrefois qu'une fabrique pût fonder ou entretenir un établissement de bienfaisance en général et un hospice en particulier, de même il n'admettait pas que cette fondation ou cet entretien eussent lieu par les soins d'un bureau de bienfaisance, le but de l'institution de cet établissement public étant la distribution, à domicile et en nature, des secours à la classe pauvre. (Avis du conseil d'Etat du 14 août 1833, M. Ternaux, rapporteur.)

tués aux fabriques l'arrêté du 7 thermidor an XI (26 juillet 1803), puisque ce dernier n'a ordonné que le retour des biens *non aliénés* et qu'ainsi qu'il a été dit, la décision du 15 brumaire an XI (6 août 1802) avait *déclaré propriété publique communale* et, par conséquent, *aliéné*, les cimetières.

Quant à l'argument tiré de l'art. 15 du décret du 23 prairial an XII, il n'est que spécieux. On ne saurait, en effet, séparer les dispositions de cet article de celles de l'art. 7, ainsi conçu : « Les *communes qui seront obligées d'abandonner les cimetières actuels* et de *s'en procurer* de nouveaux... » et de celles de l'art. 16 : « Les lieux de sépulture, soit qu'ils *appartiennent aux communes,* soit qu'ils *appartiennent à des particuliers...* etc. »

Il paraît donc impossible d'admettre qu'une fabrique puisse posséder un cimetière et, par conséquent, accepte une donation destinée à cet usage. La commune seule a qualité pour recevoir une semblable libéralité.

VI.

De même que la capacité des fabriques est bornée aux objets pour l'entretien desquels elles ont été instituées, celle des autres établissements publics religieux est également limitée au cercle des attributions qui lui ont été spécialement conférées par la loi.

C'est ainsi que les cures ne peuvent recevoir de libéralités que celles destinées à l'entretien des prêtres qui desservent l'église; les chapitres canonicaux, celles faites dans l'intérêt des chanoines; les séminaires, celles ayant pour but soit la conservation ou l'agrandissement des monuments, soit le perfectionnement de l'éducation ecclésiastique, soit le développement du bien-être des professeurs ou des élèves.

Il y a un peu plus de difficultés pour définir l'objet et l'étendue des libéralités que peuvent accepter les évêchés ou menses épiscopales.

Quelles sont, en effet, les attributions des menses épiscopales ?

La loi n'a pas défini le sens juridique de cette expression, et les auteurs canoniques ne sont pas d'accord sur son étymologie et sa valeur. Les uns font venir *mense* de *mensa*, table ; les autres écrivent *manse*, et font dériver le mot de *mansio*, terme de basse latinité, signifiant *maison;* d'autres, enfin, trouvent l'origine de la *manse* dans *mansus*, qui désignait, dans l'empire franc, la portion de terres affranchies de l'impôt (1). On comprend que, selon que l'on suit l'une ou l'autre interprétation, la mense ou manse peut être considérée comme ayant des fonctions différentes. Au premier cas, la *mense* ne doit posséder comme biens que ceux consacrés à soutenir le rang, la dignité et l'aisance personnelle des évêques. Au second, la *manse* doit être réservée à l'entretien du palais épiscopal; au troisième, elle peut être propriétaire de tous biens destinés aux services à raison desquels la franchise était accordée à une terre dans les temps primitifs de la monarchie. Or, autant que l'obscurité des documents originaux permet de le présumer, la franchise était donnée aux terres possédées par un ecclésiastique, pour lui permettre d'exercer son ministère.

Dans cette incertitude où nous nous trouvons sur la signification exacte du mot, il semble qu'on le doit prendre dans son acception la plus large et admettre que les revenus de la mense ou manse épiscopale doivent être remis à l'évêque, tant pour la fourniture de sa table que pour l'embellissement et la conservation de son palais, et enfin pour le développement de son bien-être personnel.

Mais la manse épiscopale, quelque extension que l'on donne à ce terme, ne saurait s'appliquer qu'au revenu destiné à l'usage personnel de l'évêque (2).

Il en résulte que la manse a une capacité fort restreinte. Elle est pour l'évêque ce que la cure est pour le prêtre de paroisse. Elle n'a donc pas le pouvoir, le droit de fonder un hospice, d'entretenir une école, de subventionner un établissement charitable.

(1) « Sancitum est ut unicuique ecclesiæ unus *mansus* integer, absque alio servitio, attribuatur, et presbyterii in iis constituti, non de domibus, neque de areis, vel hortis juxta ecclesiam positis, neque de præscripto *manso* aliquod servitium faciant, præter ecclesiasticum » (lib. I, c. 8).

(2) C'est du reste là la signification donnée au mot par tous les auteurs canoniques ecclésiastiques :—*Mense*, terme ecclésiastique qui signifie le revenu d'un prélat ou d'une communauté (*Dictionnaire des sciences ecclésiastiques* de Richard et Griard). —*Mense*, on a donné ce nom à des biens ecclésiastiques dont le revenu est affecté spécialement à l'entretien et à la nourriture du titulaire qui occupe le bénéfice auquel ils appartiennent (*Dictionnaire de droit et de jurispr. eccl.*, de Prompsault). —*Manse* est devenu un terme ecclésiastique qui signifie le revenu qui est le partage d'un abbé ou de religieux (*Dictionnaire de Trévoux;* V. également le *Dictionnaire de droit can.*, de Durand de Maillane, v° *Manse*).

Sans doute, le titulaire de l'évêché pourra faire des revenus de sa manse tel usage personnel qu'il jugera convenable ; mais il ne saurait accepter un legs grevé d'une charge déterminée en dehors des fonctions que ces revenus doivent l'aider à accomplir.

Mais, dit-on, les lois spéciales sur la matière autorisent les évêques à avoir dans chaque département un établissement d'instruction secondaire ecclésiastique ou petit séminaire. Cette disposition n'implique-t-elle pas, par elle-même, l'idée que les évêques, ayant fondé un établissement de cette nature, peuvent recevoir des libéralités destinées à son entretien ? Or, il n'y a pas d'autre moyen de léguer à un évêque que de léguer à l'é-vêché, c'est-à-dire la manse; donc la manse est apte à rece-voir un legs destiné à la fondation ou à l'entretien d'une école ecclésiastique.

Ce raisonnement est plus spécieux que fondé. En effet, les lois qui permettent à chaque évêque d'avoir un petit séminaire placé sous sa direction ont attaché en même temps à cette école, dès qu'elle fonctionne, la personnalité civile. Les petits séminaires ont donc la capacité pour recevoir directement une libéralité, et il n'est pas nécessaire que la disposition faite en leur faveur soit inscrite au nom d'une tierce personne chargée de la leur transmettre.

Si donc une libéralité a été faite à une manse ou à un évê-ché, sous charge de fonder ou entretenir une école secondaire ecclésiastique, on doit considérer que le véritable titulaire est, non la manse, mais l'école ecclésiastique qui doit bénéficier. Et, en vertu du principe établi plus haut, le legs doit être ac-cepté, non par l'évêque ou la manse, mais par l'établissement légataire, quels que soient d'ailleurs les termes de l'acte qui contient l'institution.

C'est là une application simple du principe de la *spécialité* des fonctions de tout établissement public, spécialité qu'il est in-dispensable de respecter si l'on ne veut pas créer la confusion entre les services généraux dépendant de l'Etat.

Les auteurs ecclésiastiques font, il est vrai, contre l'applica-tion de ce principe général d'administration aux menses épis-copales une objection que nous devons relever. De par les lois de l'Eglise, disent-ils, de par les statuts remontant aux apôtres eux-mêmes, les évêques ont pour premier devoir de pratiquer la bienfaisance. On sait que, dans une cérémonie de la semaine

sainte, ils doivent eux-mêmes laver les pieds de quelques pauvres, ou du moins faire le simulacre de cette opération ; le but
de cette figure est de leur rappeler qu'ils doivent être humbles
et être charitables. Si donc secourir les pauvres, soigner les
malades, soulager les infirmes est un des devoirs profession-
nels de leur charge, ils peuvent évidemment employer à cette
mission religieuse les revenus de la manse épiscopale, dont
l'objet est précisément de leur permettre de soutenir leur dignité, en remplissant les obligations de leur ministère. Or,
pourquoi les revenus de la manse ne seraient-ils pas légalement consacrés à une de ces œuvres de charité, puisqu'ils ont
pour objet de servir à faciliter à l'évêque l'accomplissement de
ses fonctions épiscopales ? Faire l'aumône étant une des attributions du siège, fournir l'argent destiné à l'aumône doit être
une de celles de la manse qui y est attachée.

La réponse est facile. La loi civile ne connaît point les lois
canoniques. Que les traditions de l'Eglise imposent ou non à
l'évêque d'assister les indigents, c'est affaire entre le prélat et
sa conscience ; mais la loi civile ne lui prescrit rien à cet égard.
Les seules attributions que celle-ci lui impose sont celles de
gouverner son diocèse et d'y faire respecter par ses subordon-
nés les lois de la République.

Si donc l'évêque *doit la charité*, la loi n'admet pas qu'il y
soit contraint, et de cette règle canonique elle n'a pas fait une
obligation professionnelle. Les revenus de la manse, étant destinés à augmenter le bien-être de l'évêque, ne doivent pas être
détournés de la seule affectation qui puisse leur être imposée
légalement. En un mot, la manse ne peut avoir charge d'aider
les misérables, parce que l'évêque n'a pas *mission administrative* de leur être secourable.

VII.

Nous ne nous sommes jusqu'ici occupé que de la capacité civile
des établissements religieux catholiques ; il nous reste à dire quelques mots de celle des établissements protestants et israélites.

Les lois constitutives des cultes protestants et israélites ont
attribué la personnalité civile aux consistoires, que l'on peut
considérer, en quelque sorte, comme les fabriques des religions dissidentes. Mais les dispositions légales sont profondé-

ment distinctes, et l'on comprend que, bien que les mêmes questions se présentent pour tous les établissements religieux, les solutions cependant ne sauraient être conformes.

Examinons d'abord ce qui se rapporte au culte protestant.

Les consistoires peuvent-ils recevoir des dons et legs pour les pauvres ?

La loi du 18 germinal an X, art. 20, charge les consistoires de veiller au maintien de *la discipline*, à l'*administration des biens de l'Eglise* et à *celle des deniers provenant des aumônes*. De la différence existant entre ce texte et celui de l'art. 76 de la loi organique du culte catholique (1), des jurisconsultes ont déduit entre les attributions des consistoires et des fabriques des dissemblances importantes. Le législateur, selon eux, en chargeant explicitement les consistoires d'administrer LES BIENS DE L'EGLISE et *les deniers provenant des aumônes*, leur aurait concédé le droit d'employer les deniers destinés aux pauvres à des fondations, conformément aux instructions des donateurs.

Ces jurisconsultes prétendent trouver une confirmation de leur opinion dans les dispositions du décret-loi du 26 mars 1852, qui a modifié en quelques parties le régime créé par la loi de germinal. Ce décret qui forme par chaque église un conseil presbytéral, et par chef-lieu de circonscription consistoriale un consistoire, a remis (art. 14) à une instruction du ministre des cultes et a des règlements approuvés par ce dernier le soin de déterminer les mesures et les détails d'exécution de l'organisation de ces divers conseils.

Or l'arrêté du ministre des cultes, rendu le 10 novembre 1852, en fixant les attributions des conseils presbytériaux, les charge (art..3) d'administrer les *aumônes, quêtes*, biens et revenus appartenant à l'Eglise. En distinguant les aumônes des quêtes cet arrêté, dit-on, a donné aux conseils l'administration du produit des *aumônes pour les pauvres* et de celui des *quêtes pour les frais du culte*, et par là reconnu leurs droits à employer tous les dons faits pour les pauvres comme ceux destinés à l'entretien de l'église.

Il nous semble que c'est voir bien des choses dans quelques mots. Et tout d'abord croit-on que la légère variante de texte

____

(1) Nous rappelons le texte de l'art. 76 : Il sera établi des fabriques pour veiller à l'entretien et à la conservation des temples, à l'administration des aumônes.

existant entre les deux art. 76 et 20 ait la portée considérable
qu'on lui attribue? Il semble que si les deux lois avaient eu un
sens différent, Portalis, dans le rapport qu'il a présenté à l'appui
du projet, eût signalé à l'attention du Tribunat l'importance de
la modification. Or non seulement rien de semblable n'a été
dit, mais le célèbre directeur des cultes, expliquant dans ce do-
cument le rôle que devaient remplir les consistoires dans l'organisation du culte protestant, s'attache à les assimiler aux fabriques. Bien loin de leur reconnaître des pouvoirs autres, il les
rapproche et les réunit dans un fonctionnement identique.
D'ailleurs, la question, ainsi qu'on l'a vu, n'est pas de savoir si
les fabriques ou les consistoires ont le droit d'employer les
deniers provenant des *aumônes* en fondations, mais de reconnaître le sens exact du mot *aumône* et de décider s'il peut
s'entendre des libéralités régulières faites en faveur des pauvres.
Or l'art. 20, pas plus que l'art. 76, n'a donné la définition.

L'arrêté de 1852 est également muet à cet égard, et c'est
vraiment pressurer la loi que de voir dans l'emploi successif
des deux termes employés la reconnaissance formelle du privilège des consistoires de représenter les indigents protestants.
Non, les fabriques et les consistoires n'ont point, de ce chef, des
droits dissemblables.

Les consistoires peuvent-ils fonder et entretenir des établissements d'instruction?

On a pu remarquer plus haut que la loi de germinal, parmi
les attributions des consistoires, place le soin de veiller au
maintien de la discipline. Ces mots qui n'ont rien d'équivalent
dans l'art. 76 de la loi organique du culte catholique, imposent,
il faut le reconnaître, aux *fabriques* protestantes des attributions
et des obligations particulières.

La *discipline* dans la terminologie des églises réformées, désigne l'ensemble des dispositions qui servent aux protestants
des diverses sectes de règles de conduite extérieure, comme
la *confession de foi* l'ensemble des doctrines religieuses qu'ils
professent dans leur conscience. La *discipline* des cultes réfor-
més français a été définitivement arrêtée dans l'assemblée générale tenue à la Rochelle au mois d'avril 1572 et connue sous
le nom de septième synode ou synode de la Rochelle.

La loi de germinal, en donnant aux consistoires la mission
de veiller au *maintien de la discipline*, leur a concédé évidem-

ment le pouvoir de faire tous les actes de nature à l'assurer.

Le législateur n'a pas craint d'étendre les limites des attributions des conseils d'administration des églises protestantes au delà de celles qu'il fixait aux fabriques des églises catholiques. Il n'avait pas à redouter de leur part des empiétements ou des envahissements. Le culte protestant, outre qu'il n'est celui que d'une minorité de régnicoles, ne reconnaît pas de chef religieux, et n'admet pas la doctrine que l'Eglise est hors de l'Etat. La puissance civile peut donc à son égard, et sans danger, se départir des méfiances que l'histoire des luttes qu'elle a soutenues lui fait un devoir d'entretenir vis-à-vis des institutions diverses, religieuses ou laïques, constituées pour gouverner l'Eglise catholique.

Or la discipline des églises réformées impose aux consistoires d'entretenir des écoles où la jeunesse reçoive tout à la fois l'enseignement des lettres et celui de la religion. Le chapitre 2 de la déclaration de 1572 est tout entier consacré à réglementer cette obligation (1). La loi du 18 germinal, en décidant que les consistoires veilleraient au maintien de la discipline, a donc implicitement mais formellement admis que ces établissements publics devraient chacun *dresser* au moins une de ces écoles *où la jeunesse soit instruite*.

Aussi n'a-t-on jamais, dans la pratique administrative, contesté aux églises protestantes le droit d'entretenir des établissements scolaires. Dès les premiers temps du Concordat, des autorisations furent données par le gouvernement à cet effet, et aujourd'hui il n'est pas de consistoires qui n'aient pris la charge de l'entretien ou de la subvention de quelque école.

La situation du culte protestant, de culte d'une minorité, justifie cette mesure, en outre des considérations que nous avons fait valoir plus haut, par des motifs tirés des prescriptions mêmes de notre législation sur l'instruction primaire. En effet, aux termes des différentes lois qui se sont succédé depuis quatre-vingts ans, et en particulier à ceux de la loi du 15 mars 1850 (art. 23), dans toute école primaire il doit être donné l'instruction morale et *religieuse*. La jurisprudence administra-

---

(1) Chapitre 2. — *Des écoles.* — Art. 1ᵉʳ. Les églises feront tout devoir de faire dresser des écoles et donneront ordre que la jeunesse soit instruite. — Art. 2. Les régents et maistres d'écoles signeront la confession de foy et la discipline ecclésiastique, et les villes et les églises n'en recevront aucun sans le consentement du consistoire du lieu.

tive à toujours admis que l'instruction religieuse a enseigner
était celle de la religion de l'instituteur (Dal., *Org. de l'inst. publ.*,
nº 139). La plupart des instituteurs étant catholiques, l'instruction religieuse est donc, dans la majorité des écoles, celle de
la religion catholique. Les enfants des familles protestantes ne
recevraient pas l'instruction de la religion de leurs parents, si la
loi n'avait pas toléré l'établissement d'écoles spéciales entretenues par les soins des consistoires.

Aussi ne doit-on pas être surpris que, dans l'espèce que nous
avons rapportée plus haut (affaire Haussmann), la capacité du
consistoire protestant de Paris n'ait été contestée devant aucune
juridiction, et que devant la Cour de cassation elle ait été, au
contraire, formellement reconnue par le demandeur.

Mais cette capacité spéciale des consistoires, bornée aux matières qui font l'objet de la discipline du synode de la Rochelle,
ne s'étend, bien entendu, pas au delà. Et les consistoires, pas
plus que les fabriques, ne sauraient revendiquer le droit de
recevoir des legs destinés à construire des hôpitaux ou à
établir des cimetières. La règle générale que nous avons expo-
sée reprend, en ces objets, tout son empire.

VIII.

Il nous reste à dire un dernier mot sur les établissements
de la religion israélite.

La première organisation régulière du culte israélite ne date
que du 2 mars 1807. A cette époque, et en exécution des ordres
de l'empereur, une assemblée générale de docteurs de la loi et de
notables d'Israël se réunit à Paris et arrêta un certain nombre de
propositions de nature à mettre les prescriptions de la loi de Moïse
en conformité avec celles du Code civil sur le mariage et sur le
prêt à intérêt, et avec celles des lois politiques françaises. Les
décisions de cette assemblée reçurent la sanction législative.

Le 17 mars 1807 intervinrent trois décrets qui réglementè-
rent le culte israélite et créèrent les synagogues consistoriales
et les consistoires. La législation établie par ces décrets se main-
tint, avec quelques modifications légères, jusqu'en 1844, où fut
promulguée, à la date du 25 mai, une ordonnance qui, pre-
nant pour base les décrets de 1808, régla complètement à nouveau l'organisation du culte israélite.

La situation d'isolement dans laquelle, pendant tant de siècles, se sont trouvés les sectateurs de la religion israélite, et l'état d'infériorité résultant, tout à la fois, pour eux, de leur nombre restreint et des préjugés sociaux dont ils étaient les victimes, ont autorisé le législateur, qui tenait à les relever (décret du 30 mai 1806), à leur accorder des droits et des privilèges plus étendus qu'il n'en concédait aux fidèles des cultes protestants et surtout à ceux de l'Eglise catholique. Aussi l'ordonnance ci-dessus visée de 1844 reconnaît-elle expressément aux consistoires le droit d'ouvrir des écoles et de fonder des établissements hospitaliers et de charité (art. 10, 19 et 22), et les charge-t-elle de la direction de l'instruction religieuse donnée dans ces écoles, de l'administration et de la surveillance morale de ces établissements divers. Il résulte évidemment, de ces textes, que les consistoires et les synagogues peuvent recueillir des libéralités destinées à la création ou à l'entretien d'institutions d'enseignement, d'hospitalité ou de secours.

Nous sommes arrivé au terme de cette trop longue étude.

Résumons nos observations : La reconnaissance de la personnalité civile aux établissements religieux a été faite par le législateur dans un intérêt général, et non dans le but de les favoriser, et de leur créer une situation exceptionnelle. Ils ont à remplir une fonction publique et, pour l'accomplissement de leur tâche, il a paru nécessaire de leur former une individualité distincte ayant la capacité de contracter. S'ils vivent, c'est pour accomplir la mission qui leur a été dévolue, et s'ils possèdent, c'est pour employer leurs biens à satisfaire aux obligations qui leur ont été déterminées. Mais leur action est limitée au cercle de leur ministère et leur personnalité aux actes qu'ils ont charge de faire. Au delà, ils ne sont rien. Etablissements de l'Etat, ils tiennent de la loi leurs pouvoirs, mais aussi sont spécialisés à leurs devoirs. Qu'ils s'y renferment et qu'on les y maintienne, telle doit être la première règle de toute bonne administration.

En un mot, que les choses du temple soient entre les mains des hommes du temple, mais que les choses du peuple soient entre celles des hommes du peuple.

Paris. — Imprimerie de Charles Noblet, 13, rue Cujas. — 7828.

DIRECTION GÉNÉRALE
DES CULTES.

CABINET
DU CONSEILLER D'ÉTAT
DIRECTEUR GÉNÉRAL.

Paris, le 12 7bre 1879

Note sur l'autorisation des dons et legs faits aux établissements ecclésiastiques ou religieux.

L'article 910 du Code Civil porte que : « les dispositions entre vifs ou par testament au profit des hospices, des pauvres d'une commune, ou d'établissements d'utilité publique n'auront leur effet qu'autant qu'elles seront autorisées par une ordonnance royale. »

Cet article qui figure au chapitre de « la capacité de disposer et de recevoir par donation entre vifs ou par testament » reconnaît implicitement aux établissements qu'il a pour objet, la capacité de recevoir toute libéralité, quels qu'en soient la nature et le but, sous la seule condition de l'autorisation du Gouvernement. L'application en a été faite en ce sens pendant le 1er Empire, la Restauration, et les jers années de la monarchie de Juillet. Pendant cette longue période sont in venues de nombreux actes de l'autorité souveraine, ordonnances ou décret, autorisa indistinctement, avec l'approbation du Conseil d'État, toute libéralité utile et non contestée faite à un établissement public quelconque.

Le premier avis de principe du Conseil d'État sur la capacité restreinte des établissements ecclésiastiques ou religieux date du 12 Avril 1837. Il a été émis à l'occasion d'une donation faite à la fabrique de l'église de Courtezon (Vaucl par la D^{elle} Jamet pour l'établissement et l'entretien d'une école. En se pro çant, dans cet avis, contre l'acceptation de cette libéralité, le Conseil d'État décla formellement que, dans sa pensée, « les fabriques n'ont été reconnues comme établissements publics et autorisées à recevoir et à posséder que dans l'intérêt de la célébra du culte et dans la limite des services qui leur sont confiés à cet égard par les lois et de que les fabriques ne peuvent, en dehors de ces limites, invoquer leur qualité d'établissements publics pour recevoir des donations à l'effet d'établir des écoles ou de former toutes autres entreprises étrangères à leurs attributions. » Bien que cet avis, spécial à l'approbation d'une donation, ne traitât en réalité que de l'acceptation des libéra de cette nature, il provoqua de vives contradictions en raison de la question générale la capacité des fabriques qu'il soulevait et résolvait. Dans le but d'en préciser les conséquences et la portée, le Garde des Sceaux, à la demande du Ministre de l'Intérieur, et le rapport du Directeur de l'Administration départementale et communale, crut de soumettre au Conseil d'État la question de savoir comment il devait être procé en matière d'autorisation d'accepter des legs quand le testateur a nominativement désigné un établissement public pour légataire, en lui imposant des conditions qui profiteraient exclusivement à un autre établissement. Le Conseil d'État émit l'avis, à la date du 4 Mars 1841, qu'en pareil cas on ne pouvait autoriser exclusivement l'établissement bénéficiaire ou l'établissement institué, et que dès lors il convenait d'autoriser simultanément les 2 établissements.

Un avis postérieur du 30 Xbre 1845 a précisé le but de cette intervention de l'établissement bénéficiaire et expliqué qu'elle tendait, non à lui transporter les droits de propriété attribués à l'institué, mais seulement à le mettre à même de surveiller l'emploi de la libéralité dans le sens des intentions exprimées.

A la suite de cet avis s'établit une jurisprudence invariablement suivie par le Conseil d'État et par l'administration, s'appliquant d'une part aux donations l'avis du 18 Avril 1837, de l'autre aux legs celui du 4 Mars 1841. Par suite lorsqu'une donation était faite à une fabrique ou à tout autre établissement ecclésiastique ou religieux pour une destination charitable ou scolaire ou pour tout autre but considéré comme étranger aux attributions légales de ces établissements, le ministre chargé des cultes refusait d'une manière absolue de provoquer l'autorisation et faisait inviter les donateurs par les préfets à attribuer leur libéralité à l'établissement régulièrement chargé du service qu'ils voulaient justifier. S'il s'agissait au contraire d'un legs, et si le but auquel il tendait était considéré comme utile, quelle qu'en fût la destination il était statué sur son autorisation par décret rendu sur avis comme du Conseil d'État, avec une acceptation conjointe dans la forme déterminée par l'avis du 4 Mars 1841. Cette manière de procéder a été mise en pratique sinon à la satisfaction de tous, du moins sans dommage pour personne, et sans donner lieu à aucune difficulté judiciaire. Pendant la période où a eu lieu cette application, et qui s'est prolongée jusqu'en 1863 une seule décision est intervenue, non pas sur le mode d'autorisation et pour le critiquer, mais sur la restriction apportée à l'autorisation des libéralités faites aux fabriques et consistoires pour tous objets que les besoins du culte. Il s'agit d'un arrêt de Cassation du 18 Mars 1852 relatif à un legs fait par la dame Haussmann au Consistoire de l'Église réformée de Paris, pour école. Il a été décidé que « loin qu'une disposition de ce genre soit défendue par aucun texte, il résulte de la législation que les établissements religieux appartenant à l'un des cultes reconnus par l'État, et notamment les consistoires, ont capacité pour recevoir de pareilles libéralités. » Mais cet arrêt qui tendait à faire revenir à l'application

Paris, le

...ure et simple de l'art. 910 du Code Civil est resté comme un acte isolé et sans conséquence pratique.

Ce sont les avis du Conseil d'État des 10 et 24 Juin 1863, 22 9bre 1866 et 18 Xbre 1867 qui ont porté atteinte à ce système approuvé cependant par une longue expérience. Tout en maintenant l'acceptation conjointe, ces avis lui ont donné une interprétation toute différente de celle de l'avis du 30 Xbre 1845. Ils ont considéré qu'elle devait avoir pour conséquence non seulement de conférer au représentant de l'établissement bénéficiaire le droit de surveiller l'exécution, mais encore de lui assurer l'administration et la libre disposition des biens donnés ou légués. Dans ce but ces avis ont prescrit que l'immatriculation conjointe d'une rente sur l'État donnée ou léguée serait la conséquence de l'acceptation conjointe et même que la remise des titres serait faite au bénéficiaire.

Ce nouveau système avait pour résultat de faire intervenir l'établissement institué donataire ou légataire pour l'unique formalité de l'acceptation, de le dépouiller ensuite de tous ses droits au profit de l'établissement bénéficiaire qui lui était ainsi pleinement substitué contrairement aux intentions expresses des fondateurs. Comme cela devait avoir lieu il souleva contre lui non seulement les justes revendications des établissements qu'il dépossédait, mais, ce qui était plus grave les protestations des représentants des bienfaiteurs, donna lieu de leur part à des instances judiciaires, en révocation de libéralités pour cause d'inexécution des conditions, par application de l'art. 956 du C.C. Les tribunaux et les cours mêmes accueillirent leurs conclusions (arrêt de Caen (juillet 1869, d'Angers 28 mars 1871).

Dès le 6 Avril 1870 les difficultés que soulevaient les décisions judiciaires intervenues et qui tendaient à se multiplier avaient appelé l'attention du ministre de l'Instruction Publique. Elles s'imposèrent ensuite à l'examen de la Commission Provisoire, et provoquèrent de la part du Conseil d'État reconstitué les deux avis 6 Mars et 24 Juillet 1873 constitutifs de la jurisprudence actuelle. Loin au lieu de revenir purement et simplement à la jurisprudence de 1841 ces avis ont reconnu de la manière la plus expresse aux fabriques et aux cures la capacité de recevoir les libéralités charitables (Avis du 6 mars) et scolaires (avis du 24 Juillet pour constituer au profit de l'établissement bénéficiaire le droit de surveillance qui lui appartient.

Cette jurisprudence a facilité et multiplié les libéralités charitables directement attribuées aux établissements religieux, ce qui lui a valu de vives nombreuses attaques. De graves considérations politiques, rendent nécessaire un nouvel examen de la question de capacité des établissements religieux et du droit des particuliers de disposer en leur faveur. Ce nouvel examen aura pour conséq de restreindre cette capacité et ce droit. Ce qui importe c'est d'en déterminer sagement les limites, tout en laissant au Gouvernement le soin de régler d'une manière souveraine la solution de chaque libéralité.

En se reportant aux divers systèmes successivement admis et délaissés on reconnait que celui qui a donné le mieux satisfaction aux divers intérêts engagés et s'est prolongé le plus longtemps sans soulever de difficultés, est celui de l'avis du 4 Mars 1841 combiné avec l'avis du 12 Avril 1837. Il consisterait d'une part à refuser de soumettre à la sanction d'un décret toute _donation_ faite à un établissement ecclésiastique ou religieux pour une destination étrangère à ses attributions expresses et régulièrement déterminées, et par suite à inviter en pareil cas les donateurs, toujours à même de modifier leurs libéralités, à porter leurs bienfaits là où ils seraient légalement susceptibles d'être accueillis, notamment aux congrégations, communautés ou associations religieuses légalement reconnues comme enseignantes; de l'autre s'il s'agit d'un _legs_, devenu définitif et immuable par suite du décès de son auteur, à en examiner attentivement le but et l'affectation, et, s'il est manifestement utile être atteinte à aucun intérêt public ou privé, à en autoriser l'exécution, quels que soient ce but et cette affectation.

Dans cette hypothèse, une seule modification, de pure forme, pourrait être proposée à la marche adoptée en 1841. Elle consisterait à profiter de l'expérience faite depuis 1873 pour remplacer l'acceptation conjointe   par

l'acceptation du bénéfice. Cette dernière formule ne confondrait pas les droits, qui doi[vent]
rester distincts, des deux établissements appelés à concourir à l'acceptation des libéralité[s de]
cette nature, et les consacrerait tous, laissant à l'un la propriété qui lui a été attri[buée]
par le bienfaiteur, et donnant à l'autre la faculté de veiller à ce que les biens reçoi[vent]
la destination expresse à laquelle ils ont été consacrés.

Quant à la question si controversée de la capacité des diocèses, elle aurait été[?]
réduite à faire considérer comme également susceptibles, d'autorisation les libéralité[s]
attribuées aux évêchés ou aux diocèses, qui constituent dans la pensée de la plupart d[es]
bienfaiteurs une seule et même personnalité civile représentée par les évêques [suc]
cessifs, mais l'avis du Conseil d'État du 13 Mai 1874 qui s'était borné
cependant à reconnaître les diocèses comme habiles à posséder, à acquérir et à rec[evoir]
a été le point de départ d'une nouvelle jurisprudence qui a admis pour les évê[chés]
comme pour les diocèses l'autorisation des libéralités de toute nature. Aussi, pour [?]
pleine satisfaction à ceux qui s'élèvent contre cet avis, semblerait-il suffisant, sans [?]
sur le principe qu'il a consacré, d'appliquer indistinctement aux évêchés et aux dio[cèses]
la manière de procéder qui serait désormais suivie à l'égard des libéralités faites a[ux]
fabriques et aux cures. Elle consisterait à repousser purement et simplement les dona[tions]
qui n'auraient pas pour objet la mense épiscopale ou l'un des établissements dioc[ésains]
tels que le séminaire, l'école secondaire ecclésiastique, la caisse de retraite des prêtres, age[nts]
infirmes etc. énumérés dans l'ordonnance du 2 Avril 1817, et à statuer sur le[s]
les autorisant ou les repoussant selon le plus ou moins d'intérêt ou d'utilité qu['ils]
présenteraient.

Resterait à déterminer la limite exacte des attributions légales des établissem[ents]
religieux, et à décider si l'on doit ou non y comprendre la distribution des aumônes [et la]
fondation des écoles. En présence des termes formels de l'art. 1er du décret du 30 X[bre]
qui charge expressément les fabriques de l'administration des aumônes, et en ra[ison]
du soin confié aux curés par la plupart des bienfaiteurs de les distribuer eux mê[mes]
paraît difficile sinon impossible de dénier à ces établissements ainsi qu'à ces tit[res]
ecclésiastiques le droit de recevoir des libéralités charitables. Si ce droit est reconnu [aux]
curés ou desservants on ne saurait, pour les mêmes motifs, le refuser aux évêqu[es]
Quant aux libéralités scolaires, on tenterait vainement de maintenir aux établisse[ments]
ecclésiastiques ou religieux la faculté qui leur a été reconnue depuis l'avis du 2[?]
Juillet 1873 de les recevoir toutes indistinctement. Les fabriques et les curés sont
d'ailleurs absorbés par l'administration et l'exercice du culte. Ils doivent y cons[acrer]
exclusivement leurs ressources et leurs soins. On pourrait craindre, en multiplia[nt]